ANALYTIC PHILOSOPHY
A VERY SHORT INTRODUCTION

MICHAEL BEANEY

简明分析哲学导论

〔英〕毕明安 著

陈龙 译

Michael Beaney

Analytic Philosophy: A Very Short Introduction

Copyright © Michael Beaney 2017

根据牛津大学出版社 2017 年第一版译出

前言与致谢

毕明安

这是一本我早就计划写的书，它试图向那些哲学学习的入门者，向那些对过去一个世纪哲学到底有何进展感兴趣的人，尤其是想知道"分析哲学"到底意味着什么的人介绍分析哲学。然而在我完成 2013 年出版的《牛津分析哲学史手册》（*The Oxford Handbook of the History of Analytic Philosophy*）的编辑工作之后，我才觉得是时候了。《牛津分析哲学史手册》一共有 39 章，涵盖了分析哲学从其 19 世纪的起源到最前沿发展的整个历史，其讨论领域包含了一本手册所能囊括的极限。在与《手册》作者们的通信以及阅读他们章节的过程中，我对分析哲学有了更好的理解，尤其是其优点与不足之处。一部分人，甚或是所有人，也许会不同意我在这本书里提出的关于分析哲学特征的若干论述，但是我还是要感谢他们，以及其他多年来一起讨论分析哲学的诸多友人，他们帮助我形成了自己的观点。要列出所有人的名字可能与这本导论的简短性原则相冲突，不过我在《手册》的前言中列出了。

2011年的冬季学期我在北京大学开设过早期分析哲学的课程，此后也在中国的若干大学教授过其他课程，做了不少关于分析哲学的报告。我强烈感受到了近些年来中国学界对分析哲学迅速增长的浓厚兴趣，而且我也学到了很多，不仅仅包括我被问到的那些极具挑战性的问题中需要解释的部分，也学到了中国式的思维方式。我写这本书的部分目的是以中国读者为对象的，希望它能有助于深化与中国思想及哲学家（以及更广泛意义上的非西方思维）的对话，这在眼下是非常有必要的。

本书准备定稿时，我正在柏林洪堡大学讲授一门向全校学生以及更广泛的大众开放的分析哲学导论性课程，课程的内容借鉴了本书的很多想法。在双语环境中教学和工作同样也帮助我更好地理解了分析哲学中哪些方面需要解释、辩护和批判。我要感谢过去三十年在柏林以及所有其他地方（主要是英格兰）教过的学生为我在分析哲学的教学和写作方面提供的动力。在《手册》的引言部分我为亚历山大·蒲柏的一段诗句提出过一个注释，这段诗文在本书第三章中我也引用了：如果一个想法值得思考，那么它值得说清楚；而且如果它被清晰地说出来的话，它会使其他思想也变得明确。这个想法一直启发着我的教学和写作，我试图在这里实现它。

我从牛津大学出版社工作人员那里获得了大力支持和鼓励。安德里亚·基根阅读了第一章的两份初稿和本书最初的提案，并在建议如何改进方面给予了我极大的帮助。珍妮·努吉指导这本书完成最后阶段，埃丽卡·马丁组织插图，克拉拉·史密斯绘制了图片，我很高兴能在书中看到。两位匿名的外部读者在提案阶段阅读了绪论和前两章，其中一位读者在倒数第二阶段阅读了全书，还有一个来自牛津大学出版社的读者也是如此。乔伊·梅勒作为文字编辑非常高效，多萝西·麦卡锡负责校对，萨拉瓦蒂·埃蒂拉朱负责监督这本书的出版。感谢他们所有人对本书最终形态所做的贡献。

很多家庭成员和朋友也在不同的阶段读过这本书的章节草稿。我特别感谢莎伦·麦克唐纳，我们的三个孩子哈莉特、托马斯和塔拉，鲍勃·克拉克和安娜·贝洛莫的评论意见。我还要感谢莎伦拍摄了第六章中出现的照片，以及凯特·凯允许使用她的车。我把这本书献给我现在和未来的孙辈们——爱瑞丝和我写作之时还在孕育中的孩子，以及那些以后可能会出生的孩子（谁知道呢？）。它浓缩了我在过去四十年里思考的许多东西，事实上，也包括我自己。我希望这本书至少是足够简短的，在他们的求知欲被唤醒的时候就能读到它。

目　录

绪论 …………………………………………………… 1

第一章　存在多少东西？………………………………… 7
第二章　我们如何谈论不存在之物？ …………………29
第三章　你知道我的意思吗？……………………………53
第四章　可说或是可思有界限吗？………………………69
第五章　我们如何更清晰地思考？………………………93
第六章　到底何谓分析哲学？……………………… 113

参考文献及进一步阅读 ……………………………… 140
索引 …………………………………………………… 156

插图目录

图 1 把自然数与有理数联系起来 ·················· 23
图 2 最可怕的魔鬼？ ···························· 35
图 3 福斯福洛斯与赫斯珀洛斯 ···················· 65
图 4 你不饿吗？ ································ 73
图 5 "艾瑞斯比璐璐要高。" ······················ 79
图 6 柏拉图的洞穴寓言 ·························· 109
图 7 一个人不能从同一家银行提两次款 ············ 110
图 8 佩涅洛佩解开她的网线 ······················ 116
图 9 一个哲学家驾驶前轮驱动的日系车 ············ 131

绪 论

当今许多职业哲学家会把自己描述为"分析哲学家"。这一点对许多在英语国家的学院和大学里教书的哲学家无疑如此。但分析哲学在其他地方也在迅速发展：其中一个迹象是，在过去20年左右的时间里，从东亚到拉丁美洲，全世界都建立了分析哲学协会。这并不是说大家对"分析哲学"的含义或它的主要关注点、方法和成功之处有一致的看法。但我希望这本书能大致告诉你分析哲学所涉及的内容，它的成就和优势，以及它的局限性和弱点。

关于分析哲学的一个通常说法是，它非常强调清晰、精确和严密：思维的清晰、表达的精确以及论证的严密。分析哲学家试图尽可能清晰地界定他们所讨论的哲学问题，尽可能精确地表达他们的观点（既使用日常语言，也使用恰当的技术性的专业词汇），并以最大程度的严密性来呈现他们的论证（通常使用形式逻辑）。我认为清晰、精确和严密的确是基本的思想品质，并且我也试图在本书中体现它们（尽管我尽量减少了形式逻辑的使用）。我做得如何将由你来评判。但是，即使我没有像我所希望的那样成功，我希望你至少能明白为什么这些品质是十分珍贵的。

然而，清晰、精确和严密并不是仅有的思想品质。创造力、富有成效性和系统性是另外三个可能被提及的品质。我认为最好的分析哲学也表现出了这些优点，尽管这可能更容易被理解。在我看来，所有好的哲学都是在概念上有创造性的：它给我们提供了新的概念资源，让我们更仔细、更深入地思考事物，这反过来又能带来富有成效的应用和更系统的理论发展。分析哲学并不像过去的一些哲学那样，以其宏大的体系构建而闻名。相反，它往往与一种零敲碎打的方法联系在一起：小问题被分解以便各个击破。这里的危险在于，这样就很容易只见树木而不见森林，当今的某些分析哲学确实可能面临这样的批评。然而，分析哲学的系统性特质，尤其是其潜在动机，同样也值得更多的注意。因此，本书进一步的目标是让读者对分析哲学的概念创造力和其更广的图景有一些了解，在这个图景中，分析哲学的富有成效性和系统性愿景可以得到理解。

哲学问题

介绍一个分析哲学的方法，可以以我们将在第一章中详细探讨的问题为例：世界上有多少东西？这个问题很容易问。一旦孩子学会了数数，学会了使用"东西"和"世界"这两个词，他们可能就会想到它（最有可能是在哄他们睡觉的时候）。但是这个问题有答案吗？甚至它有意义吗？这个问题不是一个孤立的例子，还有很多其他的问题。我被孕育前在哪里？创造这个世界用了多长时间？数字存在吗？"2+2=4"在任何地方都为真吗？"这句话是假的"是真的还是假的？我有自由意志吗？所有这些问题都很容易问，而且很自然地认为它们一定有答案，因为它们与有确定答案的问题很相似："我搬到柏林之前在哪里？""写这本书花了多长时间？""熊猫存在吗？"等等。但是，即便确有答案，答案是什么也并不明显。

如果这些问题没有答案，那么它们是无意义的吗？它们似乎并不是毫无意义的，因为我们理解问题中所用的词语，而且这些问题也是合乎语法结构的。即使我们把它们描述为无意义的问题，这也不过是引出了另一个问题的开始，即解释它们为什么不同于那些有直接答案的类似问题。为什么它们是无意义的？它们和那些相似的有意义的问题有何区别呢？我们所说的"意义"是什么意思？有答案和有意义之间是什么联系？

有些问题并没有直截了当的答案，但是感觉上应该有答案，这正是哲学问题的特征。随着科学进步提供的概念资源和经验数据,其中一些问题可能确实会有答案。但其他问题仍然难以解决,并继续引发哲学困惑。别出心裁的"答案"总是可以找到的。我被孕育前在哪里?父母间一个含情脉脉的对视?这只是一个比喻。在上帝的心灵中?那么我们恐怕需要一些繁重的神学理论来把整个故事说清楚,如果可以被说明白的话。在我出生前就已死去的其他人或非人类动物的身体里?这样的话我们将不得不诉诸转世轮回的学说。

这种别出心裁的回答只会突出问题的古怪和棘手。这些问题在人类思想史上被一再追问——事实上,正如前文所提到的,一旦语言中有了相应的词汇和语法结构后,许多问题似乎就自然而然地出现了。在整个人类思想史上,不同的答案被一一提出,尤其是哲学家。然而直到比较晚近的20世纪,哲学家们才注意到这些问题与语言的运作方式相关,并意识到语言可以以多种多样的方式误导我们。这种方法就是我们现在称之为"分析哲学"的特征,尤其是分析哲学在20世纪上半叶的发展。我们将在本书的最后一章讨论分析哲学是如何以及为什么得名的问题,在那之前我们先讨论一些分析哲学中的案例。不过,显而易见的是,分析哲学之所以被称为"分析",是因为它强调分析。但这就提出了什么是"分析"的问题,以及分析哲学中采用的是何种形式的分析。这也只有用例子才能得到最好的解释,在后文中我们将考虑一系列不同的例子。

绪 论

思想-思考

在考虑这些例子时，我最想做的是让你们参与到分析哲学的活动中来。分析哲学有其相当多的思想里程碑。但我的目的不是在这场思维之旅中充当你的观光向导，而是你的看护人（在这里最好这样称呼！）。为了让你参与真正的哲学思考，我将在途中向你们介绍分析传统中五位创始人的一些关键思想，他们分别是：戈特洛布·弗雷格（1848—1925）、伯特兰·罗素（1872—1970）、乔治·摩尔（1873—1958）、路德维希·维特根斯坦（1889—1951）和苏珊·斯泰宾（1885—1943）。接下来五章的每一个主题都是为此而特意选择的。但我们只会探讨这些哲学家的那些与各个主题相关的想法。这些章节不应被视为对他们哲学观点的全面阐述。我们也会讨论到其他哲学家的观点，但在像本书这样的导论性著作中，不可能全面而公正地对待他们的所有学说。关于他们思想的详细论述有大量著作，包括百科全书中的综述以及学术专著。不过我会在本书的最后一章进行一些观光式的纵览，在本书的最后，对进一步的阅读材料提出一些建议。

然而，在我们开始旅行之前，让我提出一条旅行建议。如果你没接触过分析哲学，不了解某些概念的话，你是无法理解我们在做什么的。没有相应的概念，我们甚至无法思考某些想法，因此为了告诉你这些想法，你必须掌握相应的概念。其中的某些概念初次遇到时可能会觉得奇怪，但一旦解释清楚它们就变得相对简单了，比如一个对象隶属于某个概念的概念，或者与自身同一的概念。其他一些概念可能看起来很熟悉，但它们需要以一种更精确或更技术化的方式来理解，比如概念自身这个概念或意义这个概念。其他的概念可能是全新的，比如超穷数。因此当你读这本书的时候，如果一开始没有理解一个概念，请耐心一点。有时你可能需要重读一段话。读哲学作品不像读小说，你必须放慢速度，重新阅读，甚至在继续之前停下来反思一会。有时你需要在掌握一个概念之前，看看它到底是如何起作用的，然后你可以再回到最初的解释来巩固你的理解。正如我在开头所说的，和所有好的哲学一样，分析哲学在概念上是富于创造性的，并且和所有好的创造活动一样，它的原创性和价值可能不会立即被识别出来。但如果你锲而不舍，那么你将获得更丰富的概念资源和更精炼的推理技能，这些都将帮助你开启一个全新的思维领域。

第一章 存在多少东西？

这个世界上到底有多少东西？如果你问我我有几个孩子，我可以立即回答你：三个。如果你问我我的办公室里有多少本书，我可以告诉你答案，尽管我得先数一数。如果你问我多大了（以分钟计的话），我也可以算出来，尽管我得问问母亲我的确切出生时间。如果你问我我的身体里一共有多少细胞，我得请教一位生物学家，然后考虑到体重之类的其他因素，我也可以给你一个大致的答案。但是我们能回答"这个世界上总共到底有多少东西"这个问题吗？我们能够至少在原则上数完然后计算出来吗？即便我们不能给出一个精确的数字，我们是否至少可以给出一个大致的答案呢？

物和物的种类[①]

如果我们认为"这个世界上到底有多少东西？"这个问

[①] 此处的"物"和上文中的"东西"都是对同一个英文单词 thing 的翻译，我们将根据语境轮流使用这两个中文词。——译者

题太艰难、太困惑，或者无意义甚至十分愚蠢，那仅仅是因为世界太大从而我们无法给出一个合理的答案吗？如果这样，那么我们不妨考虑一个简单点的问题：我的书房里有多少东西？我所要做的无非就是到处看看然后细心数一数。也许我会从数我的书开始。但是假如我取出其中任意一本书，我应该数它有多少页吗？我应该数数每一页上有多少字吗？我的扶手椅是一个还是两个东西（例如椅子的木质框架和垫子）还是多个东西？我的书桌是一个东西还是五个东西（桌面以及四条可拆卸的桌腿）？如果我们不搞清楚要计数之物的种类，我们是无法回答以上这个问题的。如果你想知道的是书或者椅子或者桌子（或者你想知道的是书、椅子、桌子一起）有多少，那么至少原则上我可以给你一个准确或是近似准确的答案。但是如果没有任何说明，泛泛来问有多少东西，这个问题似乎没有答案。

那么这个问题因此毫无意义吗？也不尽然，得看语境。假设我要搬家了，我打电话给搬家公司询问费用。就像我们一个个清点房间时，搬家公司自然也会问我书房里一共有多少东西。我会告诉他们："我有差不多1000本书，一张书桌，三把小椅子，一个沙发，一把扶手椅，两个档案柜，一个咖啡茶几，还有五盘盆栽。"如果我告诉他们我有1014个东西（把它们全加在一起），这个总结可能会有误导性，但也算是个恰当的回复。不过，这只会强化这一点，即要回答一共有

第一章 存在多少东西？

多少东西这类问题我们必须得先搞清楚问题中的"东西"到底是指什么种类的东西。搬家人员所说的"东西"是指那些需要被搬走的物质对象，无论是单独还是包装在箱子里托运。回答他们的问题时，我也必须说明白和报价相关的物品种类——比如说，需要多少个箱子来打包我的书。

"到底有多少东西？"这个问题的语境经常暗示我们所问东西的种类。如果不是，那么我所能回答的只能是"取决于你问的东西指的是什么"。这样一来这个问题的责任在于提问者本身。回到之前那个更普遍的问题："这个世界上到底有多少东西？"，很难看出什么语境能赋予这个问题一个足够清楚的涵义以及相应的答案。它要有涵义，我们必须弄明白所指的是什么种类的东西（原子？分子？化学元素？），这才是关键点。

这个例子已经展示出了"分析"在哲学中的一层涵义。如果要如何回答一个给定的问题不是一目了然的话，我们就需要澄清各种可能的意义。也许有些时候我们能从语境中了解那个问题的言下之意，但如果不行，而且我们又想解释那个问题为什么看起来是有意义的，那么我们就需要设想此问题有意义因而有答案的各种可能语境。只有当我们确定各种可能的语境都不是问题的实际语境之时，我们才能说此问题无意义，也因此无法回答。如果仅仅是看成一串文字，任何问题都可能有多重涵义，我们往往需要通过分析的方法来区分那些相关的涵义。这种意义上的"分析"不是简单粗陋地"分解"某些已给定之物,而是辨别出各种相关的可能性——一个极需想象力的过程。分析远比人们通常所认为的富有创造性。

弗雷格

戈特洛布·弗雷格(1848—1925)如今被广泛认为是分析哲学的主要创始人之一。他出生于德国东北部梅克伦堡海岸的维斯马,在耶拿和哥廷根学习,然后回到耶拿大学教授数学并在那度过了他的整个学术生涯。他的主要学术兴趣是数学,尤其是算术的本质。数是什么,我们如何获取算术的知识?试图回答这些问题使得弗雷格既是一个数学家又是一个哲学家。弗雷格的答案陈述起来很容易,但要为之辩护却困难得多(弗雷格自己也吃尽了苦头),要解释清楚也绝非易事,我会在这一章中努力讲明白。按照弗雷格的说法,算术本质上是一种逻辑形式,数是某一种逻辑对象,这一观点后来被称为"逻辑主义"。为了证明这一说法,他必须发展出一套逻辑理论,这使得弗雷格既是数学家和哲学家,同时也是一个逻辑学家。事实上,奠定他作为分析哲学创始人之一身份的就是他在逻辑上的贡献,弗雷格是现代逻辑——也就是我们现在称之为量化逻辑(quantificational logic)——的缔造者。

第一章 存在多少东西？

弗雷格将自己的逻辑系统称为"概念文字"（Begriffsschrift），此逻辑系统最先出现在他于1879年出版的一本同名小册子中。

弗雷格最易读的作品是他于1884年出版的《算术基础》（The Foundations of Arithmetic），这本书现在也堪称哲学经典。弗雷格此书的核心观点之一就是，他认为有关数字的陈述都是对概念的断言。通过之前的陈述我们可以理解这一观点了。继续拿书做例子，比如说你正在阅读的这本书。我们这里有多少东西？一本书，还是150页，还是大致38000个词？很明显答案取决于要计数的东西的种类，正如我们现在所说的，我们借之思考的那个概念。如果我们想问的东西是书，那么答案就是1，如果问的是页数的集合，那么答案就是150，如果是词数的集合，那么答案就是38000。

随便举一个关于数字的陈述，比如说这本书有150页。依弗雷格的看法，150这个数字我们并不将它归于对象（这本书）本身，而是"这本书的页数"这个概念。（在后文中我们提及概念时一律将用双引号。）这个概念有150个示例。也就是说，这个陈述并不是关于看上去的那个对象的（从语法上而言，这个陈述的句子的主语是"这本书"），而是关于某个概念的，对这个概念的把握是我们能进行计数的前提。在弗雷格看来，"这本书有150页"这句话真正所说的是"'这本书的页数'这个概念有150个示例"。我们将在第三章中回到"真正意义"这个观念。此处的关键在于阐释弗雷格关

11

于数字最重要的论断，即有关数字的陈述其实都是关于概念的断言。

如果弗雷格是对的，那么在回答哲学史中那些看似非常简单实则异常困难的问题上，我们将迈出一大步。什么是数字？此处我们将集中于数字中我们用于计数的那一部分，也就是通常所说的自然数：0、1、2、3，等等。我们只有在把握住了某个概念凭借它来思考时，才能够计数。这些东西可以是1本书、150页或38000个词，我们只有理解相应的概念才能确定相关的数字。这个想法一经说出，看起来显而易见，但其实是一个非常重要的洞见，其结论可以表述如下：被赋予数字的不是对象本身，而是我们用来思考对象的概念。就眼下的讨论而言，我们可以将概念视为表现了东西的属性，比如说某个东西可以是一本书，或一页，或一个词，而数字则可以视为属性的属性。（接下来我们将看到，这些观点只是很接近弗雷格的观点，但它思路正确。）"这本书"这个属性本身有着"拥有一个示例"这个属性，而"这本书的一页"这个属性本身就有着"拥着150个示例"这个属性，等等。

为什么这些对弗雷格而言很重要？简单来说，"拥有一个示例"这个属性是一个逻辑属性，也就是说可以纯粹用逻辑方法来定义。我们将在第二章中回到这一点。但如果我们接受这一论断，那么我们就已经迈出了一大步，表明了关于数的陈述可以用逻辑术语来定义。

对象与概念

回到我们的主题。要想回答"存在多少东西?"这个问题,我们需要知道所问的是什么类型的东西。用弗雷格的话来说,我们需要理解相应的概念来确定哪个数字是可应用的。要谈论物的种类,我们必须已经预设了物和物的种类之间的区别,这在弗雷格那里就是对象和概念的区别。就如同东西可以被划分成不同种类,同一个东西能够以多种方式被划分(某个东西可以既是一匹马又是一个动物),所以对象也可以通过不同的概念被思考,同一个对象可以从属于不同的概念。

弗雷格将对象从属于(fall under)概念的关系视为所有逻辑关系中最根本的。它是我们所能拥有的最简单的思想中的核心。以"戈特洛布是一个人"这一思想为例。它涉及思考某个对象,也就是弗雷格;具有某种属性,即人这个属性。弗雷格认为这种根本关系无法再被分解,因而也是其他更复杂思想的基础。比如说"所有人都是有朽的",弗雷格认为这一复杂思想所表示的是,任何从属于"人"这一概念的对象同样从属于"有朽"这个概念。

我们同样可以有关于概念的思想,比方说"这本书的页数"这个概念有150个示例。弗雷格认为这一思想表达的是"这本书的页数"这一概念隶属于(fall within)"有150个示例"这一概念,前者是一阶概念而后者是一个二阶概念。一阶概念是那些对象能够从属其下的概念,而二阶概念是那些一阶概念隶属其下的概念。(弗雷格为了区分一阶概念和二阶概念引入了从属和隶属两个用语,但二者其实很相似)。因此在弗雷格看来,有关数字的陈述被分析为一个一阶概念隶属于一个二阶概念,这个二阶概念将一定数量的实例归因于这个一阶概念。"这本书有150页"其实说的是"这本书的页数"这个一阶概念隶属于"有150个示例"这个二阶概念。

以此类推,我们同样可以有关于二阶概念的概念,即三阶概念,等等。"二阶概念"这个概念本身就是个三阶概念(因为二阶概念隶属于其下。)在弗雷格看来,概念是有层级的:一阶概念,二阶概念,三阶概念,等等。由此看来,多少东西存在这个问题,甚至是最为根本的有多少"东西的种类"这个问题,远远比我们最初设想得要复杂得多。

概念的外延

对象与概念的区分是弗雷格哲学中最根本的区分(类似的区分在哲学史上也已经有过)。但是在我们回到"存在多少东西?"之前我们还需要引入一个新事物,即弗雷格所说的"概念的外延",或者说是"类"或"集合"。关于此事物最重要的原则就是相应于每一个概念我们都有一个从属于其下的对象的集合。以"人"这个概念为例,弗雷格、维特根斯坦、斯泰宾(Susan Stebbing)等等都从属于这个概念,他们都是人这个类的成员。或者用弗雷格的话来说,他们都属于"人"这个概念的外延。在弗雷格看来这个类本身也是某种对象,不是"具体"而是"抽象"对象。"具体"对象存在于我们这个经验的时空世界之中,而"抽象"对象则存在于我们的理性思想中,它们的"存在"问题是自柏拉图以来哲学家所面临的最棘手的问题之一。更具体而言,弗雷格视类为逻辑对象,因为传统意义上逻辑被认为是支配我们理性思考的东西,而"类"的观念被看作是逻辑的。

让我们暂时跟随弗雷格将类(概念的外延)视为抽象的逻辑对象。(我们将在第二章中进一步探讨这个问题。)长期以来数字也被当成是某种类型的抽象对象。弗雷格无疑也认为它们是对象而非概念。比如说我们谈论"数字1"的时候我们是指那个对象,而当我们谈论"2 是 4 的平方根"的时候,这句话可以理解为对象 2 从属于"4 的平方根"这个概念。但是数字能够被认为是逻辑对象吗?如果"是",很明显我们需要找到合适的类来辨别出这些数字,而这恰恰就是弗雷格所做的。

自然数是什么?

如果我们想通过类这个逻辑对象来定义自然数(0、1、2、

3，等等）的话，我们还需要找到恰当的逻辑概念。逻辑中最为基本的两个概念就是同一和否定。以同一这个概念，或者更精确地说，"与自身同一"这个概念为例。每个对象都与自身同一，也就是说每个对象都从属于"与自身同一"这个概念。（这听起来很奇怪，但似乎是平凡地为真。）因此相应于这个概念的类就囊括了所有对象作为其元素。假设我们再加上否定这个概念形成一个新的概念"不与自身同一"。没有任何对象是不与自身同一的。（假如每个对象都与自身同一，那么就没有任何对象不与自身同一。同样的，这个说法看似奇怪，但也是"平凡地"为真。）相应于这个类里就不包括任何元素，也就是逻辑学家通常所说的"空类"（或"空集"），这个类纯粹是用逻辑概念定义的，作为不与自身同一的对象的类。

自然而然的建议是，我们可以将第一个自然数 0 等同于空类。这也是现代集合论中的通常做法，也是最简单的。事实上弗雷格的定义比这要更复杂，他不是直接将 0 等同于空类，而是等同于所有那些和空类有着同样数目的元素的类的总类，但此处我们可以暂时忽略这些差别。为了当下的目的，我们姑且接受空类为自然数 0 这个定义。由此我们又可以形成"与 0 同一"（也即"与空类同一"）这个概念。这里相应的类只有一个元素，也就是 0（空类本身），因为只有这个对象（即 0）与 0 同一。这个类（等同于 0 的对象的类）不同于它唯一的元素（0，即空类），因为前者有 1 个元素，而后者没有任何元素，所以我们可以用这个类（等同于 0 的对象的类）去定义数字 1。当我们有了这两个对象（0 和 1）时，我们又可以形成一个概念"等同于 0 或者 1"（这里引入了一个新的逻辑概念"析取/或者"）。通过这个相应的类我们又可以定义 2，以此类推。从空类开始，仅仅通过逻辑概念我们就可以定义所有自然数了。

存在一个所有对象的集合吗？

通过引入类，或者说集合或概念的外延，为我们重新审视之前的问题提供了新的路径：存在多少东西？如果这个问题有答案，那么不应该就是所有东西的集合吗？让我们抛开概念而集中于对象，包括像类或集合这样的逻辑对象。我们将不再谈论类而换上集合这样的说法。（大多数情况下你可以认为它们是同义词。集合论专家们有时会区分类和集合，但我们可以先在这里忽略。"集合"是我们接下来要讨论的。）存在一个所有对象的集合吗？显然如果集合本身也是对象，那么这个所有东西的集合也包括它自身，但是这有什么问题吗？为了回答这个问题我们需要引入子集的概念，并且讨论一个集合和它子集的关系。

考虑一个集合有两个对象，我们将它写作 {a, b}，我们用大括号表示集合，a 和 b 则代表了集合里的俩元素。这个集合有多少个子集呢？按照惯例，空集 Ø 和那个集合自身都是任何集合的子集。这样一来的话我们的答案就是四个：Ø，{a}，{b}，{a, b}。（你可以将子集想象为表现了某一给定集合中的可能选择方案。假如别人给了你两个蛋糕，你可以选择其中任意一个（如果你有礼貌的话）：这就有两种可能的选择。但你也可以一个都不要（如何你要节食的话），或者两个都要（如果你真的很饿了）。所以加起来一共就有四种选择。）

类似的，有三个对象的集合 {a,b,c} 有八个子集：Ø，{a}，{b}，{c}，{a,b}，{a,c}，{b,c}，{a,b,c}。一般来说，如果一个集合有 n 个元素的话，那么它就有 2^n 个子集。因为 2^n 总是大于 n，这意味着任何集合的子集数总是大于它的元素的个数的。（此集合的任何单个元素都可以形成一个子集，而且还有更多通过不同组合形成的子集。）试想所有东西的集合，也即囊括了所有东西作为其元素的大集合。假设集合本身，包括子集在内都可以作为对象存在的话，那么我们就永远有比现有东西（也就是元素）更多的东西（也就是子集）。从所有东西的集合出发我们似乎可以生成一个更大的集合，即所有子集的集合，也就是通常所说的"幂集"。由于这是一个矛盾（不可能有比所有东西更多的东西），我们必须接受不存在一个所有东西的集合这一结论。这种论证方式被称之为"归谬论证"（*reductio ad absurdum*, reduction to absurdity）：假如我们能从某个假设中推出矛盾的话，我们就有理由拒斥那个假设。

由此我们发现"存在多少东西？"这一问题另外的不当之处了。即便我们只考虑对象（而不是概念）作为东西存在时，我们也无法回答这个问题，至少在我们将集合也当作对象之时。一旦我们将所有对象收集到一起（作为一个集合）来计数时，我们就会生成更多的对象（这个集合的子集）。当然，一种回应是可以拒绝承认集合作为对象存在。我们将在下一章探讨这个问题。但是假设我们拒绝了，那么形成一个"所有对象"的集合（即把所有对象都收集到一个单一的集合中）可以吗？假如可以，那么我们究竟该如何回答"有多少对象存在"这一问题呢？是我们无法数清楚吗，还是其他什么？我们如何来数？假设某个集合是如此之大以至于我们实际上永远也数不完，比方说它大到我们直到死也数不完集合里的元素个数，怎么办？

无穷

此刻我们也许会觉得"存在多少东西？"这个问题的答案是显而易见的。事实上我们是否从一开始就忽略了那个明显的答案呢？我们难道不可以简单地说是"无穷"或"无穷多"吗？考虑到有无限种不同的方式（通过概念）来思考对象，这不是唯一的答案吗？如果一个东西（似乎）可以被计为一本书，或150页，或38000个词，或是更多的原子，我们难道不应该简单地说有无穷多的东西，然后不再计较这个问题了吗？

"无穷"是一个很容易被滥用的词汇。作为回答有多少东西这一问题的答案，它似乎是对问题的故意回避，就比如说我问你在你被孕育之前在何处，你却回答"在他处"。这种答案其实只是为了掩盖不知如何正确回答的尴尬而生的。当然有时候无穷仅仅意味着非常大，如此之大以至于我们无法实际上数清楚。我们可以称之为无穷的宽松的含义，但是当某人说有无穷多东西的时候，无穷也有着更精确严格的含义。

比如说自然数的集合，{0, 1, 2, 3, 4, 5, ……}。此时我们确实可以说有无穷多个数字。自然数序列可以无限延伸下去：对序列中的任一给定数字，我们总可以通过加1的方式生成下一个数字，此过程是没有尽头的。这个例子提供了一个严格意义下使用"无穷"一词的确定模型。说一个集合有无穷多个元素，其实是说它有着和自然数的集合同样多的元素。

然而，我们如何才能断定数的相同性——即两个集合有着相同数目的元素呢？当集合元素数目比较小时，我们可以通过数数的方式来看看是否得到相同的结果。但是面对很大的有穷或是无穷集合时，我们就无法去数了。此时我们如何比较集合大小？试想一下"伽利略悖论"（见方框1），你会怎么回答呢？

> **方框 1：伽利略悖论**
>
> 比较下列两个集合，即自然数的集合和所有平方数的集合：
>
> {0, 1, 2, 3, 4, 5, ……}
>
> {0, 1, 4, 9, 16, 25, ……}
>
> 哪个集合更大，还是说他们一样大？从一个角度来看，第一个更大因为它包括了第二个集合中的所有元素以及更多；从另一个角度而言，相应于第一个集合中的每一个元素我们都可以在第二个集合中找到一个与之对应的，反之亦然，难道它们不应该有着相同数目的元素的吗？

此处我们关于集合大小的两种直觉似乎是冲突的，原因在于我们关于"相同数目"这一概念的两种标准，在无穷集的情形下它们不一致了。在一个标准中，两个集合有着同样数目的元素如果它们谁都不比谁更大的话，这里的"更大"说的是一个集合总是比其任意真子集（这里的"真"是指不包括自身的所有子集）要大。另一个标准是，如果两个集合之间能形成一个一一对应关系的话，我们也可以说它们同样大。在有穷集的情况下，通过这两个标准得到的结果是一致的，比如说比较从 0 到（包括）25 的自然数集合和到（包括）25 的平方数集合。很明显前者比后者要大，因为后者只是前者的一个真子集。二者也无法一一对应起来。所以这两个集合元素的数目是不一样的。

然而，在无穷集合的情形中，上述两个标准却会导致不同的结果。平方数集合是自然数集合的一个真子集，然后它们却可以一一对应起来。因此我们需要明确界定出哪个标准才是适用的。如果我们用第一个标准，那么马上就可以有多种不同大小的无穷集合，但问题是我们如何才能按照大小将它们进行排序呢？采用第二个标准似乎更简便些。依此标准上述两个集合是同样大的，因为它们之间能形成一一对应关系。

如果我们采用第二个标准，那么"存在多少东西？"这个问题似乎就有了一个可能的答案：有无穷多个东西，这意味着东西的数目和自然数一样多。然而，如果依照第一个标准的话，存在东西的集似乎可以比自然数集更大又可以更小。所以，我们真的朝着答案又更近一步了吗？

无穷之外

我们已经考虑过自然数集，而且还发现了一个违背直觉的结论，即自然数集和平方数集有着同样多的元素，尽管在某个意义上平方数集合要"更小"。但是有比自然数集更大的集合吗，或者说存在一个自然数集是其真子集的集合吗？

第一章 存在多少东西？

答案是显然的，当然有。比如说正有理数的集合，即那些可以表示为 p/q 形式的数的集，这里的 p，q 都是自然数（q 不等于 0）。这个集合不仅包括了所有自然数，还包括其他正分数，例如 1/2、1¼、2¾，等等。如此看来有理数集显然更大。事实上它似乎要无穷地大于自然数，因为每两个自然数之间（比如 1 和 2）都存在无穷多个分数，而这又要重复无穷多次。因此有理数似乎有无穷乘以无穷那么多。

然而我们同样可以证明，自然数集和正有理数集实际上有着同样多的元素个数，它们之间能形成一一对应关系。为了证明这一点，让我们将正有数理表示如下（图1）：

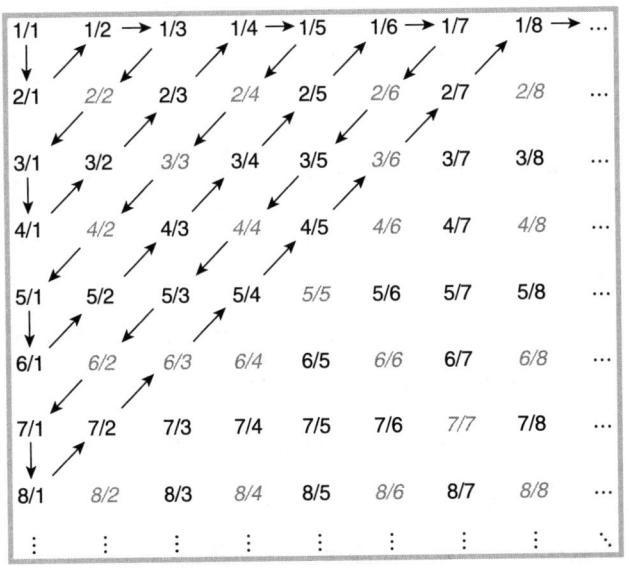

图1　把自然数与有理数联系起来

假设这个表可以无限地延伸下去（如图中省略号所表示的那样），那么显然所有的正有理数都会以这种方式出现在表中。当然，这么做，每个有理数都重复出现了多次，例如2/2和1/1就是相等的。图中所有重复的有理数都用斜体表示出来了。

根据之前我们所倾向使用的标准，如果两个集合能形成一一对应，那么它们同样大。假设我们依照图中箭头所示来用1、2、3、4、5……数数的话（同时忽略掉那些用斜体表示的重复出现的数），那么我们将会发现一个将正有理数和自然数一一对应起来的方法。因此这两个集合也有着相同数目的元素。有理数居然和自然数是一样多的，真是精妙！

让我们再来考虑实数集。此集合不仅包括有理数同样还包括无理数。无理数是那些无法被表示为分数的数，比如$\sqrt{2}$、$\sqrt{3}$以及π。实数和自然数集一样大吗？此时你可能毫无头绪了，毕竟你可能拥有的关于这些问题的直觉已经被证明不那么靠得住了。实数集肯定要大得多，然而之前的有理数集不也一样吗？

事实上，我们证明实数集的的确确要比自然数集大，即便是从一一对应的标准来看。为了证明这一结论，让我们假定这两个集合可以形成一一对应，然后看看是否能从中推导出矛盾。我们同样假定实数都可以表示为十进制的形式。如何给实数排序这一点并不重要，只要我们能将不同的实数对应于不同的自然数。假设此两个集合可以一一对应如下：

第一章 存在多少东西？

1. 1.000000000…
2. 1.333333333…
3. 3.141592653…
4. 9.698502193…
5. 2.718281828…
6. 7.428571429…

……

如果我们的假定是对的，那么每一个实数都应该要在这个可无限延伸下去的表中出现。然而我们可以很轻易地构造出一个不会出现在第二栏的实数。一种方法是找出第一行的第一个数字然后加 1（1 → 2），第二行的第二个数字加 1（3 → 4），第三行的第三个数字加 1（4 → 5），以此类推来生成一个新的实数 2.45938……显然这个数至少在某一位小数上与表中的所有实数不尽相同。我们可以将这个实数看成是沿着表中第二栏的对角线而生成的。当然有无限多种对角线，通过每一条对角线都可以生成一个不在此栏的实数。由此看来我们关于实数和自然一一对应的假设是错误的：实数要比自然数更多。有时我们也将这一结论表述为实数是不可数的，它们无法被数尽。

这一证明之精妙丝毫不逊于之前和有理数相关的那个。如今它被称为康托的对角线证明，是由德国数学家格奥尔格·康托（1845—1918）于 1891 年第一次发现的。它的结论的确非同凡响：无穷也存在不同的大小。康托将这些不同的无穷称为之"超穷数"，它们中的第一个就是"阿列夫零"（aleph-zero），也写作"$\aleph_0$"（阿列夫是希伯来字母表中的第一个字母）。这个数是用来回答有多少个自然数这一问题的。下一个超穷数是"阿列夫一"，写作"$\aleph_1$"。它是用来回答有多少个实数这一问题的。

从 $\aleph_0$ 和 $\aleph_1$ 出发，康托还发现了如何形成一整个越来越大的超穷数系列的方法。我们一开始认定只有一个无穷，然后如果康托是对的，那么我们其实有"无穷多个无穷"，或者更准确地说，$\aleph_0$ 个超穷数。这里面的细节很复杂，因此我们关于无穷的思维之旅必须在此处收场。要记住的是，通过澄清我们关于无穷的日常概念，我们得到了一个更精确的关于超穷的概念。

到底有多少东西？

我们原以为多少东西存在这个问题有个很简单的答案：无穷多。然而现在我们已经知道了无穷这个概念的多种含义。即便我们不考虑它宽松的意义，从第一个超穷数 $\aleph_0$ 开始，有无限多严格的意义可以指明它。我们现在还真的不好回答这个问题了。如果有"无穷"多个东西，是 $\aleph_0$ 还是 $\aleph_1$ 还是其他更大的呢？如果是 $\aleph_0$ 个，我们可以数清楚这些东西，如果有更多则不行。如果自然数本身也算"东西",那么至少就有 $\aleph_0$ 个东西。如果集合本身也算"东西",那么我们不仅仅有比 $\aleph_0$ 更多的东西,但具体多少我们根本不知道。无论如何对于这个问题,我们的答案比之前要好多了。

我们从一个看似简单的问题开始,却取得了一些很不寻常的结论。对于那个问题的回答,我们走过的漫长旅行都是在说,要回答存在多少东西这个问题,我们必须得先弄清楚指的是什么种类的东西。如果指的是自然数,那么就可以给出一个确定的答案是 $\aleph_0$。如果是实数,那么也可以给出一个确定的(不同的)答案:$\aleph_1$[①]。如果指的是某些特定的日常有限之物,比方说书、椅子或是细胞,那么我们需要通过计数或是某些恰当的方法来准确计算或是估算出结果。"存在多少东西?"这一简单的问题并不存在一个简单的答案,如果我们不具体说明通过哪些相关概念来思考这些东西。

正如我们在绪论中所说,此问题是哲学类问题的一个典型例子。这些问题也许并没有直截了当的答案,但是在试图给出一个答案,或是说明为什么不能直截了当回答,甚或是在显示此问题缺乏意义的过程中,我们需要进行分析。分析首当其冲的要义就是辨别问题的各种可能意义。如果需要的话,我们还要引入一些新的概念来帮助我们更精确地理解

---

① 上述说法需要假定连续统假设成立。——译者

那些意义。我们经常很容易想到那些脱口而出的答案，比如说"无穷"，但是经过分析这些术语之后，我们才会发现问题之复杂远非最初看上去那样。我们往往还需要理清诸多其他相关联的东西，甚至还需要发明一套新的概念和词汇，例如"超穷数"，"$\aleph_0$"等等。正是这些环节使得分析如此有挑战性，但也同样令人兴奋和富有成效。它并不仅仅只是"理顺"或是"分辨"。我们还需要概念创新来引入一些恰当的概念，有助于我们开辟新的思考方式和可能性。

正是我们这一章中所讨论的分析观念启发了并且将继续启发"分析"哲学的发展。我们在这里考察了"东西""对象""概念""集合""数"以及"无穷"等概念。但还有更多其他的重要概念有待分析，诸如"存在""意义""涵义""思想""上帝""善"，更别提"分析"这个概念本身了。我们将在接下来的几章中探讨其中的一些概念。接下来我们将看到更多有关概念创新的示例，它是富有成效的分析的核心。

第二章 我们如何谈论不存在之物？

如果我告诉你我是一个哲学家，你如何理解我所说的呢？最明显的解释就是你知道"我"这里所指的是谁，你也知道哲学家是什么意思，你还知道我宣称哲学家这个属性适用于我。用弗雷格的话来说（我们在上一章中讨论过），你知道我断言我这个对象从属于哲学家这个概念。另外，如果我确实是一个哲学家，如果我确实从属于"哲学家"这个概念，那么你也知道我的断言是真的。

如果我告诉你，我的妻子也是一名哲学家，你如何理解我所说的呢？如果你知道我妻子是谁，那么这个解释和上述相似：你知道我断言的这个人从属于哲学家这个概念。但是假如你不知道她是谁呢？此时我们似乎需要另一种解释。比如说，你理解我的言下之意是，我有一位妻子，同时她也是一名哲学家。要判断这是真的，那么你需要确定上述两个断言都必须为真。然而，你需要知道我的妻子是谁才能（正确地）理解我的断言吗？还是只要知道我声称自己有妻子就足够了？

如果我告诉你，法国国王是名哲学家，你如何理解我所说的呢？如果你知道法国不再是君主制，那么即便这句话从字面上来看是有意义的，你也会困惑我到底说的是什么。是因为我在某种不同寻常的意义上使用"法国的国王"这个摹状词呢，还是我本身就糊里糊涂？如果我的确是很严肃的来说这句话，那么你会说我的断言是错误的吗？这个说法更棘手，因为说我的断言是错误的，似乎暗含着法国国王不是一个哲学家，而是从事着其他职业。

如果我告诉你潘葛洛斯是名哲学家，你如何理解我所说的呢？如果你读过伏尔泰的《老实人》，那么你会知道潘葛洛斯只是小说中的一个虚构人物（尽管他是以莱布尼兹这个真正的哲学家为原型的）。但是如果潘葛洛斯在小说中真的是一个哲学家，那么我的断言因此就是真的吗？有些哲学家（例如弗雷格）认为，有关虚构对象的陈述不可能为真，而应当被看成是非真非假。无论你对有关虚构陈述的真值持何种观点，为了理解这一类型的陈述，我们所需要知道的东西似乎不同于前面的三种情形。为了知道"潘葛洛斯"是什么意思，我们需要确定使用这个名字的那本小说。

虽然上述四种情形都只是很简单地主张某人是哲学家的例子，它们却表明了即便对于理解这些简单的陈述，我们也没有一套直截了当的普遍说明。那些据称提到某些不存在之物——无论是否虚构——的陈述在哲学史上尤为棘手。如果我宣称能画出一个正20面体，那么存在一个我宣称能画出来的东西：一个有着20个面的几何立体图形（有不同的可能类型）。但是如果我宣称没有人能画出一个方的圆，那么我并不是在说存在一个没有任何人能画出来的东西，而是说那个东西本身就不存在。真的如此吗？我们能谈论那些"不可能的东西"吗？当我们谈论不存在之物时到底发生了什么？为了帮我们理解这一情况，我们显然需要分析。

存在性陈述

宣称某个东西存在或是不存在到底是什么意思？它和宣称某人是或不是哲学家一样吗？后者说的似乎是——用弗雷格的话来说——某一个特殊的对象从属于"哲学家"这个（一阶）概念。那么，宣称某个东西存在是否就是宣称某个特殊的对象从属于"存在"这个概念呢？好像不是这样的：如果概念代表属性，那么存在似乎是不同于哲学家这个属性的另外一种类型的属性。如果我们考虑否定性的存在陈述的话，这一问题就更清楚了，比如说"独角兽不存在"这个（真）陈述。句中所指的那个不存在的东西是什么呢？如果我们想说些什么关于独角兽的东西，那么它不应该必须先在某种意义上存在吗？有些哲学家建议我们区分"存在"和"潜在"（subsistence）。即便独角兽不存在（于这个真实的时空世界中），它们一定以某种方式"潜在"（于某个"理念"世界中），使得我们能够谈论它们。

用"潜在"来回答关于否定性存在陈述所带来的问题似乎是太轻易了，就如同用"无穷"来回答存在多少东西这一问题一般。然而通过上一章的讨论我们已经可以找到一个更让人满意的答案了。我们尤其需要弗雷格的洞见：有关数字的陈述其实是关于概念的断言。存在性陈述需要以完全相同的方式去理解。它们归根到底也是一类关于数字的陈述，因为说独角兽不存在，说的无非就是独角兽这个概念没有任何示例，换句话说，"独角兽"这个概念的示例是 0 个。

上一章中我们已经提到过弗雷格是现代逻辑的创始人。他最关键的创新在于发明了关于存在多少东西这类量词短语（quantifier phrases）的标记法。它们之中最重要的两个便是"所有 A"和"有些 A"这类形式的短语，用于诸如"所有哲学家都是人"或是"有些哲学家是逻辑学家"。我们现在通常用称之为全称量词符号的 ∀（倒写的 A）代表前者，而用存在量词 ∃（反写的 E）表示后者。（这些特殊记号并不是弗雷格自己发明的，它们比弗雷格的要更简洁而被广为使用。但是它们理念是相同的。）我们在这一章后面还要讨论全称量词，此处先讨论存在量词，因为要将存在性陈述形式化的话我们

第二章 我们如何谈论不存在之物？

需要用到它们。

在现代（量词）逻辑中，独角兽不存在这一陈述可以表示如下：

$$\neg(\exists x)Ux.$$

这一符号串可以读为：并非存在某个东西 x 使得 x 也是 U。"¬"代表否定，"($\exists x$)"用存在量词表示"存在某个东西 x"，"U"表示"独角兽"，"Ux"是"x 是 U"的缩写。或者更简单点，这些符号说的是"并非存在独角兽"。这里最关键之点在于"Ux"和"($\exists x$)Ux"的区别。前者表示某个对象 x 从属于一阶概念"U"，而后者表示的是一阶概念"U"隶属于二阶概念"可被实例化"。某个概念可被实例化的意思就是某个东西（至少一个）从属于这个概念，然而这是这个概念拥有的一个属性。它说的并不是哪一个或是哪一些对象从属于这个概念，就像我们在说"我是一个哲学家"时所说的那样。

当我们作出一个存在性陈述时，我们并不是将一阶概念归于某个对象，而是将一个二阶概念归于一个一阶概念。因此要谈论独角兽，我们并不需要假定它们一定"潜在"，即便我们想说它们不存在。当我们说独角兽不存在时，我们并不是在谈论任何作为对象存在的独角兽，而是"是独角兽"这一概念：我们说这一概念无法被实例化，也就是说没有示例。弗雷格的逻辑分析因此为否定性存在陈述所带来的问题提供了一个很好的解决方案。正如有关数字的陈述一样，存在性陈述（无论是肯定还是否定性的）是关于概念的断言。

完美的上帝存在吗？

哲学史上最著名的论证之一就是为上帝存在辩护的所谓本体论论证。（本体论是研究何物和物的种类存在，以及它们如何存在的一门学问。）这个论证最简单的形式可以这样给出：

（1）上帝是完美的（也就是说，上帝拥有所有完美的属性）。
（2）存在是一种完美的属性。

因此，（3）上帝存在。

这个论证显然是有效的：假如它的前提为真，那么结论也必定为真。但是它是可靠的吗，或者说除了有效它的前提同时也为真吗？第一个前提说上帝是最完善的存在，这大概可以算依照定义为真。那么第二个前提呢？存在难道就要比不存在要更完善吗？也许全善、全知和全能这些可以被看成是诸种完善，但存在也是吗？

上述本体论论证一眼看上去也不像是可靠的。仅仅从一些定义性的主张我们就能得到关于某物存在的本体论结论吗?我们难道不是在上帝的定义中默认了存在这一属性吗?用类似的推理我们不是也可以证明魔鬼的存在吗?试看下面的论证:

(1)魔鬼拥有所有可怕的属性。
(2)存在是一种可怕的属性。

因此,(3)魔鬼存在。

魔鬼是最可怕的东西,不是吗?而且一个存在的魔鬼无疑要比一个不存在的魔鬼更可怕吧,谁会惧怕那些不存在的魔鬼呢(图2)?

图2 最可怕的魔鬼?

这个对应的魔鬼论证应该更加证实了我们关于上帝存在的本体论论证的疑虑。如果弗雷格关于存在论陈述的分析是正确的，那么我们同样也可以很容易看出这个本体论论证的谬误之处：它将存在这个二阶概念当成是一阶概念了。更准确点说，存在性陈述应当被理解为概念的实例化。上帝存在，说的无非是上帝这个概念可被（唯一）实例化。我们可以将上帝这个（一阶）概念定义为包含了诸如全善、全知和全能这些其他的一阶概念，但是仅仅如此我们还无法断定此概念是否可被实例化。也就是说，我们可以承认本体论论证中的第一个前提，但第二个是错误的，如果"完美"被当作一阶概念使用的话。（如果不是如此，那么这个论证甚至都不是有效的。）

不用说几个世纪以来还有诸多其他更精巧的本体论论证版本发展起来了，此论证时至今日仍是争议不断。我们这里无法面面俱到，只是想展示下弗雷格有关数和存在性陈述作为对概念的断言的分析，以及一阶和二阶概念区分的哲学效用。

伯特兰·罗素

伯特兰·罗素（1872—1970）是二十世纪最伟大的知识巨人之一。他不仅是分析哲学的创始人之一，同时在政治上也很活跃，关于社会和伦理问题他也留下了不少作品。他

第二章　我们如何谈论不存在之物？

生于威尔士，在剑桥大学学习数学和哲学，并于1896凭借一篇关于几何基础的论文被选为研究员。罗素早先倾心于在当时的英国哲学界占据主导地位的哲学传统英国唯心论，在发现这种唯心论无法很好的解释数学后罗素抛弃了它，投身于和弗雷格一样的立场：算术可以被还原为逻辑。（罗素认为几何同样也如此。）罗素的逻辑主义观点最早呈现在他于1903年出版的《数学原则》(The Principle of Mathematics)中。这些观点经过修改后又以一种更加细致的形式证明方式出现在他于1910年至1913年出版的三卷本巨著《数学原理》(Principia Mathematica)之中。《数学原理》是罗素和他在剑桥的数学老师怀特海（1861—1947）合写的，怀特海也是一名很重要的哲学家。

和弗雷格一样，罗素也是仅仅依靠逻辑概念将自然数定义为类。不同于弗雷格，罗素认为我们不能将类当作对象，不管是逻辑还是非逻辑的。相反，他认为类是一种"逻辑虚构"。在这一章的余下部分，我们将仔细看看罗素持这一观点的理由，以及我们在何种意义上仍旧能够谈论这些虚构之物。罗素观点的核心之处就是如今经常被称为分析典范的摹状词理论，这一理论是他于1905年在《论指称》(On Denoting)一文中首次提出的。为了理解此理论的背景，我们需要先回到类作为自然数的定义这一问题。

罗素悖论

在第一章中我们考虑了所有东西的集合这一悖论：如果将集合的子集也看作对象，那么我们就会有一个比所有东西的集合更大的集合，即其幂集。这个悖论直接导致罗素发现了另外一个悖论，也就是我们现在通常所熟知的以他名字命名的罗素悖论。罗素自己是用类而非集合来表述这个悖论的，我们的讨论也跟随他使用的术语。（见方框2）

方框2：罗素悖论

考虑所有由马组成的类。这个类本身并不是一匹马，所以这个类并不是一个属于自身的元素。考虑所有不是马的东西所组成的类。这个类并不是马，所以这个类是自身的一个成员。因而有些类是自身的成员，有些则不是。现在试考虑所有不是自身成员的类所组成的类。这个类是自身的成员吗？如果是，那么依照定义，它和这个类中的其他成员一样不属于自身，因此它不是自身的成员。如果不是，那么它依照定义又是这个所有不是自身成员的类所组成的类的成员，所以它是。矛盾不可避免。

这个矛盾为什么会困扰我们？难道我们不可以直接否定

第二章 我们如何谈论不存在之物？

那个由所有不属于自身的类所组成的类的存在吗，就如同我们否定那个由所有东西所组成的集合一般？问题在于这个类的定义条件看上去是如此的合乎逻辑。如果我们承认了类以及类的成员这两个概念，那么就可以合法地发展出类属于或是不属于自身这一概念。由属于自身的类这个概念我们似乎可以得到一个确定的类：所有属于自身的类所组成的类。（这个类属于自身吗？如果是，那么它属于自身；如果不是，那么它就不属于自身，不会有矛盾出现。）因此，不属于自身的类应当也确定一个合法的类：所有不属于自身的类所组成的类。然而正是此一观念导致了矛盾。

在第一章中我们提到过一个原则：对应于每一个概念我们都有一个所有属于其下的对象所组成的类。即便那个定义的概念是逻辑矛盾的也可以有这样的类（比如说不与自身同一这个概念）：此时其所对应的类就是空类。但是所有不属于自身的类所组成的类绝不是空类，因为有元素属于它：所有不属于自身的类（比方说马的类）都是它的元素。实际上，我们似乎碰到了这样一种情形，有一个逻辑上合法定义的概念，但不存在对应于它的类，因为它具有逻辑上矛盾的属性（它既属于又不属于其自身）。因此每一个概念都存在一个属于它的事物的类这一原则似乎是错的，至少罗素悖论就是其反例。

试将其与方的圆这个概念比较。不存在方的圆这样的东西，因为没有任何东西可以有互相矛盾的属性。但是这个概念有一个与之对应的类，即空类。然而这与罗素悖论的情形不甚相同。是那个类（所有不属于自身的类所组成的类）造成了矛盾：并不存在一个像这个类的对象。然而，如果这个类的定义概念逻辑上是合法的，如果相应于每一个概念都存在一个类这一原则为真的话，我们应该有一个对应于此概念的类。我们碰到了一个似乎有着完全合法意义却（可以被证明）缺乏指称的示例：所有不属于自身的类所组成的那个类。

考虑到弗雷格和罗素都想通过由逻辑意义上合法的概念所对应的类（实际上是类的类）来定义数，罗素悖论很可能是毁灭性的。罗素在1902年6月写信告诉了弗雷格他发现的这一矛盾，弗雷格也立即意识到了它的重大意义，在给罗素的回复中弗雷格承认，这一悖论从基本上威胁到了他自己给算术建立的基础。此时也刚好是弗雷格的著作《算术的基本法则》(*Basic Laws of Arithmetic*)第二卷正待出版之际，此著作的第一卷出版于1893年。弗雷格企图在此著作中更加正规的证明他在1884年出版的《算术基础》中所勾勒出的基本观点。（我们在上一章中已经提到过此书，其中心观点就是有关数字的陈述都是关于概念的断言。）弗雷格在《算术的基本法则》第二卷末尾匆匆草拟了一个附录以期回应罗素悖论。但他很快就意识到了这一回应的不足，直至最终抛弃了逻辑主义这一基本纲领，并将余生的主要精力用于阐明他的逻辑思想。然而罗素并没有轻易放弃，而是用接下来整整十年的时间来解决这一悖论，以证明逻辑主义终究是可行的。正如我们将在第四章看到的，罗素悖论也是吸引维特根斯坦转向哲学的肇因之一。鉴于其在分析哲学发展中的重要性，我们接下来要更仔细地考察其如何产生，以及可能的回应。

对罗素悖论的回应

罗素悖论产生于试图形成一个由"不是自身成员的类"这一概念确定的类。假如存在这么一个类的话，我们应该可以去问（作为对象存在的）这个类是否从属于相应于确定它的那个概念。如果属于，那么（依照定义）它不属于；如果不属于，那么（依照定义）它又属于，我们总会得到一个矛盾。一个回应就是否认这个类的存在，但这会违背每个概念都有一个属于它的类这个基本原则。第二个回应是排除一个类属于定义它的那个概念这一问题情形。

第二个回应本质上和弗雷格的回应是一致的。类不能从属于定义它的那个概念。然而这一想法的不足之处之一在于它并不能防止其他相关悖论的产生。更重要的是，它无法解释为什么一个类不能从属于定义它的那个概念。仅仅因为有时候这种情况会产生悖论就禁止它似乎太特设（ad hoc）了：我们并没有提供将其排除掉的原则性理由。有鉴于此，弗雷格很快就放弃了逻辑主义纲领也就不足为奇了。

罗素的解决方案更激进,同时也提供了其哲学基础。他认为我们可以合法地谈论类,但严格说来它们应该被视为"逻辑虚构",而非对象。因此,没有任何一个类可以从属于定义它的那个概念。每一个概念确实确定了一个类,但我们不能因此而谈论这个类是否也从属于定义它的这个概念。由此,这个悖论根本无法产生。

罗素将这一想法纳入在他被称为类型论的理论之中,为他解决悖论提供哲学辩护。根据这一理论,对象和类有着不同的层级(hierarchy)。最基础的一层是诸如书、椅子和马这样的真正对象。再下一层就是对象的类——比如马的类和非马的类(包括书、椅子,等等所有不是马的真正的对象)。接下来还有对象的类的类,等等一直往上延伸。关键之点在于,任何一个层级的对象只能是下一个更高层级的元素,这样就自动排除了类是否属于自身的问题,矛盾也就因此无法产生。

我们在第一章中讨论弗雷格的思想时已经碰到过这一关于层级的想法:存在一阶概念、二阶概念,等等。罗素认为不仅概念是分层的,对象同样如此:真正的对象、由对象组成的(一阶)类、由对象的类组成的(二阶)类,等等。一阶类可以是二阶类的元素,但不能是其他一阶类的元素,正如一阶概念可以隶属于二阶概念,而非其他(同一层级的)一阶概念一样。因此我们不仅仅排除了某个类属于自身的情

第二章　我们如何谈论不存在之物？

况（这正是罗素悖论的根源），同时还排除了某个类不是属于更高层级的可能性。罗素提供了一个更普遍的理论，从中推导出了对这个悖论的解决方案。

因而，依照罗素的理论，存在之物有着不同的类型，对某一类型的对象的讨论，并不一定适用于其他类型的对象。事实上，企图陈述某个类属于或是不属于自身，都是没有意义的。我们将在第四章中讨论这一想法对维特根斯坦的影响时，更深入地探讨这一点。不过，将类看作逻辑虚构这一想法我们还需要多说几句。

存在"平均的人"吗？

在罗素看来，只有最基层的那些对象是真正的对象，类是"逻辑虚构"。如果类不是真正的对象，那么它们是否会有互相矛盾的属性这一问题就消失了。然而，罗素也想像弗雷格一样论证数字就是类。但是如果数因此也只是逻辑虚构，那么数字不也就不存在吗？这并不是弗雷格的看法，他认为数字就必须存在才能做出关于数字的真的陈述。那么说某物是"逻辑虚构"到底是什么意思呢？我们又如何能够谈论一些关于它们为真的东西呢？

让我们回到这一章开始的那些最简单的陈述，比如说我告诉你，我老婆有三个孩子。你能理解我的话是因为你知道我老婆是谁（或者理解我说我有老婆这个断言），知道有三个孩子是什么意思，同时也理解我在断言"有三个孩子"适用于我老婆。当我确实有一个老婆而且她有三个孩子时我这个陈述就是真的。但是试考虑下述断言：

（A1）英国妇女平均（average British woman）有1.9个子女。

然而并不存在一个所谓的"平均的英国妇女"，即便有，她也不可能有1.9个子女！那么在把握这句话时，你理解的到底是什么意思？它又是如何能为真（或假）的呢？我们也许可以解释如下：

（A2）英国妇女的子女的总数，除以英国妇女的总数，等于1.9。

经过解释后的句子清楚表明了我们之前的那个断言怎样才是真的。我们需要知道英国一共有多少妇女，以及每个妇女的子女个数。这个情形中我们需要知道一些关于英国所有妇女的情况，而非某一个妇女。

英国妇女平均有1.9个子女这个断言，其实只不过是一个关于英国所有妇女的变相说法。（A1）只是（A2）的一个很有用的缩略说法,利于我们比较不同国家中的情形。我们可以说"英国妇女平均有 1.9 个子女,中国妇女平均只有 1.5 个。""平均的英国妇女"和"平均的中国妇女"都是逻辑虚构。并不存在这样的妇女,但这些说法方便了我们用一种更简单的方式来谈论一些真的陈述。

关于类的谈论也可以用同样的方式来分析。我们仅举一例。比如说:

(C1)马的类是动物的类的一个子集。

为了这句话为真,我们是否需要假定类的"存在"呢?依罗素的观点,并不需要。(C1)"真正表述"的无非是下面这个意思:

(C2)任何从属于"马"这个概念的对象,都从属于"动物"这个概念。

这是一个关于概念而非类的陈述。用现代(量词)逻辑的符号可以形式化如下:

(C3)$(\forall x)(Hx \rightarrow Ax)$.

它可以读作"对所有的 x，假如它是马的话，那么它也是动物。"这里的"$\forall x$"使用了全称量词，意味着"对所有的 x"，"Hx"是"x 是一个 H"的缩写，H 表示"马"的概念，"Ax"是"x 是一个 A"的缩写，A 表示"动物"的概念，"$\rightarrow$"则表示"如果……那么……"。从（C3）我们可以很清楚地看到，这个陈述涉及两个概念之间的关系：如果任何对象例示了第一个概念，那么它例示后者。我们只需要假定概念的"存在"，而不是类。

考虑到概念和类之间的紧密联系（体现在每个概念都决定了一个相应于它的类这一基本原则之中），很多关于类的谈论总是可以转译为关于对应的概念的。用哲学家的话来说，概念要"在本体论上先于"它们所决定的类。正是这一想法支撑着罗素关于类是逻辑虚构的主张，或者用他另外的话来说，是一种"逻辑构造"。类这种说法是我们从概念中"构造"出来的，正如"平均妇女"这个说法是通过真实存在的妇女构造出来的一样。

在弗雷格和罗素看来，（C2）以及其形式化（C3）也是如下这个更日常的陈述所"真正意味"的内容：

（C4）所有马都是动物。

这句话也被理解为，如果什么东西是马，那么它也是动物，很明显它是一个关于概念（之间关系）的陈述。(C1)、(C2)、(C3)和(C4)被看作在说同一件事，但从逻辑上来讲，(C2)以及形式化的(C3)最为清晰的表达了句子的内容。我们将在第三章和第四章中更详细的讨论什么才是语句"真正意味"的内容这一问题。在此之前，我们还需要介绍一下罗素最为著名的摹状词理论。

摹状词理论

让我们再次回到这一章开始的那些简单的陈述。如果我告诉你伯特兰是一名哲学家，那么你之所以能理解我的话是因为你知道"伯特兰"这个名字指称的对象是谁，把握"哲学家"的概念，同时也知道我在断言哲学家这个概念适用于伯特兰。但现在考虑下面这个语句：

(K1) 法国国王是个哲学家。

（我略微改动了一下罗素自己的例子，他讨论的例子是"法国国王是秃子"。）我们的例子中不再有"伯特兰"那样的名字，而是一个摹状词，其形式为"那个特定的F"。鉴于法国不再实行君主制因而也不再有法国国王（或者说"法国国王"这个摹状词不再指称任何对象），我们如何来理解这个陈述呢？

此时我们应该能猜出答案了。通过分析我可以看出上面这个陈述"真正涉及"的是一个关于概念的断言。在罗素看来，(K1)"真正意味"的是下面这个意思：

（K2）只有唯一一个法国国王，而且无论谁是法国国王，他都是个哲学家。

我们可以继续将这个陈述看成是三个更简单的陈述的合取，这三个中的每一个都是关于"法国国王"这个概念的断言：

（K2a）至少有一个法国国王。
（K2b）至多有一个法国国王。
（K2c）无论谁是法国国王，他都是个哲学家。

上述第一个断言"法国国王"这个概念是可实例化的，我们可以用之前已经提及过的存在量词来形式化的表达为"$(\exists x)Kx$"，此处"K"表示概念法国国王。我们同样也可以理解并形式化上述第三个断言，它和之前讨论过的（C4）（所有马都是动物）很类似，它在（C3）中得到形式化。因此（K2c）可以表示为"$(\forall x)(Kx \to Px)$"，这里"P"是哲学家这个概念的符号表示。第二个要更麻烦一点，它说的是

"法国国王"这个概念并没有多于一个的示例。逻辑学家通常用如下符号表示：

$$(\forall x)(\forall y)(Kx \ \& \ Ky \rightarrow y=x)$$

它的字面意思是"对任意 x 和任意 y，假如 x 是法国国王并且 y 也是法国国王，那么 x 和 y 同一"。它相当于说事实上并没有多于一个的法国国王（它不排除没有任何法国国王的可能性）。

将上述条件合并起来并加以简化的话，我们就得到了如下：

$$(K3)(\exists x)(Kx \ \& \ (\forall y)(Ky \rightarrow y=x) \ \& \ Px)$$

它可以读作"存在一个 x（至少一个 x），x 是 K，并且对任意 y，y 也是 K，那么 y 就和 x 同一，并且 x 是 P。"更简洁地说，它可以读为：

（K4）有且只有一个 K，并且那个对象是 P。

为了理解我们原来的那个句子（K1），我们只需要理解"法国国王"和"哲学家"这两个概念，以及其他相关的逻辑概念，包括存在量词和全称量词（分别用"∃"和"∀"表示），合取（"&"），蕴含（"→"）以及同一（"="）。我们并不需要知道"法国国王"这个短语指称的是哪个对象。事实上在罗素看来，这个短语并没有任何意义，因为并不存在法国国王（这么一个对象）。然而这并不会导致整个陈述都没有意义或者我们无法理解它，因为这个陈述并不是关于法国国王这个对象的，而是关于"法国国王"这一概念的。按照罗素的分析，这个陈述所说的内容更好的表达如下：

（K5）"法国国王"这个概念可以被唯一地实例化，并且任何例示此概念的对象，同时也例示了"哲学家"这个概念。

事实上，如果没有法国国王，那么这个陈述将会是错的（因为构成陈述的（K2a）是错的："法国国王"的概念根本没有实例化）。

自1905年首次被提出以来，罗素的摹状词理论一直被后来的分析哲学家视为哲学分析的一个典范，但同时也激起了大量的讨论和争议。在接下来的几章中我们还要继续讨论这一理论。罗素提出这个理论的出发点也有很多可以说的，我们如何谈论不存在之物这一问题只是其中之一。但它也是最重要的动机之一，因为此问题的解决方案让罗素将类看作逻辑虚构，从而解决那个以他自己名字命名的悖论。在罗素看来，摹状词理论显示了为什么就其自身而言无意义的摹状词能够为其所在的句子提供意义。像"法国国王"和"不与自身同一的对象所组成的类"这样的短语虽然不指称任何对象，但是我们仍旧能够使用它们做出有意义的陈述（可为真或假的陈述）。

所以，我们是如何谈论不存在之物的？

弗雷格对存在命题的分析以及罗素的摹状词理论都提示我们，应该将那些指向不存在的对象的陈述理解为关于概念的断言。比如说当我们说独角兽不存在（此为真）时，我们"真正意味"的是"独角兽"这个概念不能实例化，当我们断言法国国王是哲学家（依罗素的看法，此为假）时，我们"真正意味"的其实是"法国国王"这一概念可以被唯一地实例化，且任何从属于"法国国王"这一概念的对象也从属于"哲学家"这一概念。因此我们能通过使用恰当的概念来谈论那些不存在之物。

罗素认为类——因此也包括数字——并不存在：它们只是逻辑虚构。但是我们可以使得如何谈论它们仍是有意义的，只要我们将关于这些陈述以恰当的方式分析成，或者说是"还原"成关于概念的断言。这个策略为一个更加广泛的分析纲领打开了可能性：我们可以将尽可能多的陈述还原成某些特殊的中心陈述。这个策略就是后来被称之为"逻辑原子主义"的核心。正如我们将在第四章所看到的，逻辑原子主义是罗素和维特根斯坦一起在 1910 年代后期探求的理论。

在整个这一章中,每次我们谈到对陈述的分析,即它们"真正意味"的东西时,我们都给"真正意味"加上了引号以示这是我们需要进一步探究的东西。我们也明白了,似乎只有将那些指向不存在对象的陈述翻译成表达它们"真正含义"的陈述时,我们才能有意义地谈论不存在之物。是时候来探讨一些关于"真正含义"这个说法带来的哲学问题了。

第三章　你知道我的意思吗？

如果一个外太空的人类学家来到地球并偷听我们的交流，他可能会对我们如此频繁地询问谈话对象是否懂得了我们的意思感到诧异。无论是口语还是书面语中我们都有很多表示不确定性的术语，这种不确定性是关于我们是否足够清晰地表达了自己的意思，或者表示承认我们没有清晰表达，或者是在对话过程中想保证被他人理解。知道我是什么意思吗？类似这样的术语还有很多，比如"可以说""这么说来""大致来说""近似地""怎么讲""有点儿""那种""诸如此类""等等""你懂的""就像"。（在不同语言中都有类似现象，而不仅仅是英语（或是中文）世界。）在一个更复杂的层次上，我们也经常要借助于类比、图表、例子、插图、比喻和隐喻等等，来帮助我们解释自己所要表达的想法。我们同样也有一系列的词语来试图描述这个过程以及想达到的结果，比如"让人了解""理解大意""抓其主旨""领会要点""心领神会"，等等。

自（西方的和非西方的）哲学诞生之日起，哲学家们很快就意识到了语言的不足与局限。但是，语言的问题是否是思想不足与局限的体现，它们解释和暗示着什么，我们又该如何回应呢？简单来说，它本身的意思是什么？哲学家们对此意见不一。在日常对话中我们可以用笼统而不那么精确的方式来交流，但是假设给足时间或者思考得足够充分的话，难道我们不是迟早会找到最适合表达自己的方式吗？有多少次你在事后好久才想出了对某人的俏皮话或是批评的最佳回应，但时机已过去了好久。不管怎样，无论是为了澄清他们的意思还是为了之后转告他人，我们不是在经常重述别人已经告诉我们的东西吗？这些例子不都告诉我们，有明确的思想可以把握，任务只是找到恰当的表达方式吗？

另一方面，又有多少时候你发现，别人能用极其优美或简洁的方式将你苦于表达的某个想法表述出来？我们的语言中有相当多的惯用语是描述这一常见体验的，比如"直击要害""一针见血"，等等。这些情形下我们不应该说别人不仅懂我们的意思，而且甚至比我自己更懂吗？但是这个"更懂"又是什么意思呢？是说我其实并不完全知道自己的意思吗？然而如果我能意识到别人更简洁的表达出了我想说的意思，那么我不应该已经完全知道了自己的意思吗？如果我没有以

第三章 你知道我的意思吗？

某种形式把握它，那么我又怎么能说别人表达的就是我要说的那个意思呢？比如说，我并不是在说"嗯，你这个想法很好"，而是会说"啊，那就是我正想说的"。300年前亚历山大·蒲柏就在他的《批评论》（An Essay on Criticism）一文中用更加诗化和简练的语言表达过这个看法：

> 真正的智慧是保持自然的最佳状况，
> 思想平常，但无人表达得恰当。
> 我们发现有些真理一看就令人信服，
> 因为它与我们脑海中的形象无误。（297—300行）

这一问题在哲学争论中也同样会出现。事实上，正如我们在前两章中所看到的，它们会以一种更加鲜明的方式呈现出来。例如，当我说有"无穷多个"平方数时，我真正懂得自己的意思吗？如果我后来确信了有 $\aleph_0$ 这样的数，难道那就是我真正的意思吗？当我说独角兽不存在的时候又是什么意思呢？是独角兽这个一阶概念隶属于"无法实例化"这个二阶概念吗？这个例子要比平方数的例子看上去更像是表达了"真正的意思"这一说法。无论如何，在这两个例子中我们都有了新的概念资源来更加准确地表达我们的真正意思——或者至少也是我应该表达的那个意思。这一结果也恰恰是我们通过哲学分析所期望取得的。

诠释性分析

"分析"是什么意思？现今的许多人可能会回答说，分析就是将某个东西拆解开来以揭示其组成部分和结构。这的确是"分析"这个词的一个比较重要的意思，我们可以称之为"分解性"意义，但这并不是分析的唯一含义。这个词起源于古希腊语中的 analusis。在欧几里得几何中它首次作为一个专门术语使用，指的是回到最基本的原理和图形这一过程。反过来，证明或构造的过程相应的就被称为"综合"。这可以被称之为分析的"回溯性"意义，在数学史、哲学史和科学史上也屡见不鲜。比如说，当弗雷格和罗素试图将算术"还原"为逻辑时，他们是想通过探寻出那些一般看来是更为根本的逻辑原理（公理，定义和推理规则）来推演出算术的法则和定理。这也是回溯分析。

然而，"分析"还有一个重要性毫不逊于上述两层意思，同时也是分析哲学所特有的第三种意思。那就是"诠释性"分析，我们在第一章和第二章中已经见过好几个例子了。比如说，弗雷格对存在性命题和数的陈述的分析就是将它们诠释成关于概念的断言。同理，罗素的摹状词理论是将涉及摹状词的陈述"诠释"为关于概念的断言。基于诠释性分析，我们可以再用分解性分析来辨别每种情形下的组成元素，这些相关概念可以是经验性概念（"独角兽"这个一阶概念，可以被分解为"马"和"角"这两个更为简单的概念）也可以是逻辑概念（"可被实例化"这个二阶概念）。诠释性分析同样有其回溯性维度，因为我们可以将这一分析看成是找出那些陈述中更为基本的元素（在这两个例子中就是相关概念）。因此我们需要强调这一点，在实际的分析中，分析的三个层面——诠释性、分解性和回溯性——经常交织在一起。

分析这三层含义之间的关系，会是本书余下部分的重要主题，我们将在第六章中尝试总结这些脉络。但当下，我们暂时集中于诠释性分析，看看它是如何引出我们刚刚讨论的关于意义的问题。假定罗素对"法国国王是个哲学家"这个陈述的诠释性分析是，"法国国王"这个概念是可唯一实例化的，并且任何实例化它的对象也都实例化"哲学家"这个概念。当某个人说他理解了原来那个陈述时，他的意思难道是后面这个分析吗？如果去问大多数人这个陈述是什么意思，很少有人会给出一个罗素式的分析，因为这个答案需要你熟知（我们在第二章中讨论的）摹状词理论才能领会。但这正是要点！诠释性分析通常能提供更丰富的概念资源来阐明意义。人们很容易说，诠释性分析告诉我们的才是真正的意思，或者说是我们应该表达的那个意思。那么我们该如何理解、解释，甚或是仅仅描述呢？正如我们将要看到的，分析哲学家们自身也在处理、探索由诠释性分析所带来的这些问题。

乔治·摩尔

乔治·摩尔(1873—1958)和罗素一道经常被认为是在20世纪初通过反抗英国唯心论而开创了分析哲学的哲学家。事实上罗素将首功归于摩尔而认为他自己只是紧随其后。罗素当时的主要兴趣在数学哲学和逻辑,而摩尔的主要关心的则是知识论(关于知识的理论)和伦理学。和罗素一样,摩尔也是受教于剑桥,并于1898年被选为研究员(比罗素晚了两年)。1904年研究员任期结束时他离开了剑桥,但1911年又以道德科学讲师的身份重返剑桥,1925年他获得了教授职称,直至1939年退休(维特根斯坦是他的继任者)。从1921年到1944年他一直是顶级哲学期刊《心灵》(*Mind*)的主编。二战期间他主要在美国各地讲学(包括纽约,加利福尼亚等等),从而也促进了分析哲学在北美的发展。

摩尔最有名的作品就是他于1903年出版的《伦理学原理》(*Principia Ethica*)一书,但同时他也发表过很多极有影响力的文章,比如"为常识辩护"(1925年)和"外在世界存在的证明"(1939年),二者旨在拒斥唯心论和怀疑论。摩尔的工作在于尽可能仔细地区分并澄清哲学家们所明确提出的问题,以及可能存在的各种答案,通常情况下他自己并不偏执一词。

这导致摩尔的写作经常会给人一种过分学究的印象，但是他的确对他的学生和与之有过哲学讨论的同行有着莫大的影响。摩尔留下的与其说是某一套独有的理论或学说，毋宁说是他强调的分析方法。

"善"可以被定义吗？

《伦理学原理》一书的中心问题是"何谓善？"，摩尔的核心断言就是"善"是无法定义的，或者换句话说，善是不可被分析的，因此它必须被看做是一种最简单的属性。他的主要论证现在被称之为"未决问题论证"（open question argument）。试考虑"善"的一个可能定义，比如说善就是（摩尔认为所有定义中比较靠谱的一个）"我们所欲求之事"。然而，看上去我们完全可以真诚发问"我们所欲求之事是善的吗？"。这个问题看上去是未决的，而"善是善的吗？"或者"我们所欲求之事是我们所欲求之事吗？"则不是。后两个问题的答案明显为"是"，因为我们不过是被要求同意一个同义反复——它不证自明地为真。然而如果"善"（或者"什么是善"）和"我们所欲求之事"有着完全相同的含义，那么所有问题都应该是"已决的"（有着确定答案的）。由于相似的论证适用于任何所谓的对善的定义，看来"善"一定是无法定义的。

这个论证要是真有效的话似乎也太仓促了。实际上，除了那些显然的同义反复，它似乎排除了对任何东西下定义的可能性，而不仅仅是"善"。然而我们似乎拥有大量得到真正定义而非同义反复的实例。一个典型的例子就是"水是 H_2O"。某些情形中"水是 H_2O 吗？"这一问题是未决的，而"水是水吗？"则明显不是，我们不是可以轻易想象出吗？比如说，某人可能知道"水"是什么意思：他知道水在河流和海洋中，可以从水管中流出来，我们可以用来饮用，等等。在另外一个意义上他同时也知道 H_2O 的意思：它是一个由两个氢原子和一个氧原子构成的分子。但是他可能不会想到这二层意思放到一起来谈。对他而言，"水是否是 H_2O"这个问题就是未决的：知道水的科学定义是一个重大发现。

为什么伦理学中的情形就不一样呢？作为一个"道德科学家"，摩尔的任务不就是应该努力去找出"善"的本质吗，正如同化学家的任务就是要试图去探求物质的本质一样？此处我们碰触到了哲学——而不仅仅是分析哲学——中最深层的问题之一。伦理问题可以借助自然科学中的方法和成果来解决吗？那些持赞同意见的哲学家就被称为"自然主义者"，自然主义和非自然主义的激烈争论不仅限于伦理学而是遍布于哲学中许多其他的领域。比如说弗雷格就抨击了数学哲学中各种形式的自然主义，逻辑主义纲领的主要动机之一就是要拒绝从经验层面或是心理层面对数的论述。

摩尔确信对伦理学的自然主义解释是错误的,这些解释都犯了摩尔所说的"自然主义谬误",未决问题论证就是用来证明这一点的。任何用自然主义方式来定义"善"的尝试——无论是愉悦、幸福、欲求,或是其他什么——都会受制于未决问题论证。那么他又是如何看待与自然科学中定义的不同的情况呢?有很多讨论这一问题的文献,但此处我们只需要指出摩尔的一个基本观点:在试图回答诸如"是否善"或是行为"是否正当"这样的伦理问题时,我们不需要做任何科学探究,我们自身就已经有资源去回答这个问题了。当然,我们必须通晓所有相关的事实,但那些不足以告诉我们答案,我们还需要应用我们已有的伦理概念和信念。原则上这些就足够了,我们不需要等着自然科学来提供答案。

摩尔所提到的"直觉"同样也引起了诸多争议,但其基本想法是很简单的。我们所需要做的无非就是将自己置于一个合适的处境(综合考虑所有的事实)来考察"善"这个简单性质(如果它真的存在的话),正如我们需要将自己置于一个恰当的环境中(比如说光线充足,等等)来看某物是什么颜色一样。对非自然主义而言最大的难题也许莫过于阐述并捍卫我们如何理解所谓的非自然性质的这套解释。反过来,自然主义的最大任务则在于提供出一套关于"善"和其他伦理概念的令人信服的定义。"善"是否可以被定义这一问题到今日仍是一个未决问题。

分析怎么能既正确又长知识？

摩尔的未决问题论证有个关键预设：如果你懂得了两个短语的意思，那么你就能立即判断出它们的含义是否相同。比如说，你理解了"善"和"所欲求之事"的含义并能立即断定（在摩尔看来）它们是不同的。但是正如我们所提到过的，这会使得任何定义或分析都变得不可能了。事实上，摩尔的这一预设埋下了后来被称之为分析悖论（the paradox of analysis）（见下图）的种子。如果分析就是分析哲学本质上想要提供的东西，那么它的核心似乎有致命的缺陷。

方框3：分析悖论

考虑如下形式的分析："A是B"，其中"A"表示待分析之项，而"B"表示给出的分析项。那么，要么"A"和"B"有着相同的含义，此时上述分析无非就是个平凡的同一式；要么"A"和"B"含义不同，此时这个分析就不是正确的了。因此没有任何分析是既正确又长知识的。

我们可以认为有些定义的确是不长知识的，比如说"2"的定义是"1+1"，"幼犬"（puppy）的定义就是"年幼的狗"。难道有人可以知道上述短语的意思，却无法立即明白"2"和"1+1"以及"幼犬"和"年幼的狗"是同一个意思，因而这些定义也就平凡为真（trivially true）的吗？然则，一个囊括了有效分析的定义之全部要点不就是要给人以信息吗？当我们考察"水是H_2O"这个定义时，我说过有些人可能真的理解"水"和"H_2O"的意思但（至少在某一时刻）不知道这一定义是否为真：对他们来说这个定义就是长知识的。第一章和第二章中我们的分析不也是如此吗？难道你不觉得至少有些部分是长知识的吗？如果相关的含义（比如说"水"和"H_2O"）不是有差别的话，这又怎么可能呢？假如真是这样，那定义又是如何为真的呢？

涵义与指称

许多悖论产生的根源在于某些关键词汇的模棱两可，分析悖论也不例外。它无疑需要我们消除对"意义"一词的歧义，换言之，需要对"意义"的分析。在形如"A 是 B"这样的定义中，"A"和"B"必定在"意义"的某种涵义上有着相同的"意义"，该定义才是正确的。但是，在"意义"的不同涵义上来说，它们必定又有着不同的"意义"，该定义才是长知识的。那么,"意义"的这两层涵义到底是什么呢?

一个可能的答案就是由弗雷格提出的"涵义"与"指称"的区分,这是他原本用来说明为何同一性陈述的还能提供信息。定义可以看成是这样一类同一性陈述。弗雷格最有名的例子如下:

(HP)长庚星(昏星)就是启明星(晨星)。

长庚星(Hesperus)和启明星(Phosphorus)都是金星的别名,出现在黄昏时就叫长庚星,出现在早晨时就叫启明星。天文学家后来才发现长庚星和启明星是同一颗天体,即金星。(HP)因此既是真的又是长知识的(富含信息的)。弗雷格认为"昏星"和"晨星"有着相同的指称(都指的是金星),但却有着不同的涵义。依弗雷格的理论,"涵义"是某个指称的一种"确定模式"或是"呈现模式"。金星既可以在早晨呈现在我们面前,这反映在我们用"启明星"("晨星")来指代它;也可以于黄昏呈现,这反映在我们使用"长庚星"("昏星")来指代它。这个同一性陈述可以是长知识的,因为我们知道以这种方式指称的对象实际上与以另一种方式指称的是同一个对象。

第三章 你知道我的意思吗？

图 3　福斯福洛斯与赫斯珀洛斯

（HP）并不是一个定义，但是弗雷格的区分可以清楚用来说明为何有效的分析能用正确且富含信息的定义形式来表达。像"A 是 B"这样的形式，"A"和"B"必定有着相同的指称才能使定义正确，但具有不同的涵义才能使其长知识。比如说"水是 H_2O"，按照弗雷格的理论，这个定义既是正确的化学分析，因为"水"和"H_2O"指称的是同一种物质，同时它也是富含信息的，因为它们有着不同的涵义（我们之前解释过的那样）。

尽管自弗雷格引入这个区分以来"涵义"这一概念已经

引发了巨大的争论，而且它本身还需要进一步的澄清和说明，但我还是认为类似涵义与指称这样的区分是我们解决分析悖论迈出的重要一步。在我看来，解决这个悖论还需要做一些事情。让我们回到弗雷格对"独角兽不存在"的分析，这个陈述表达的其实是"独角兽这个概念无法实例化"。要强行说这两个陈述只是从不同侧面表达同一个东西，就像"昏星就是晨星"的模式，容易让人产生误解。分析的目的就要是修正我们理解"独角兽不存在"这句话时可能产生的误解。可以这么说，分析前后的两个陈述的涵义并不在同一个层面上，把这个分析看成是对"独角兽不存在"的原涵义更清晰、更精炼的表达也许更合适。通过分析我们用新的概念资源丰富原先的理解，将这些涵义引入。如果谈论"涵义"旨在刻画我们理解某个陈述时把握的意思，那么即便我们用的是同一个表达，它的涵义也是可以随时间而改变的，分析本身就可以带来这种变化。简言之，我认为分析之所以是长知识的在于它可以是转换性（transformative）的，"转换"这个概念在帮助我们理解"分析"时应该占据着重要地位。在前两章中我们已经说明过这个想法了，接下来会再次回到这个问题。

那么，你知道我的意思吗？

54 　　我们已经注意到，摩尔的未决问题论证有一个重要的假定：如果你理解了两个短语的意思，那么你可以立刻断定它们是否同一。通过上述讨论清除对"意义"的歧义，我们可以看出这一假定至多适用于"涵义"。如果这个假定为真，那么在某个意义上我可以说，我知道自己所说的意思：当我理解了自己使用的表达的涵义时，这意味着能够断定此涵义和我理解的其他表达是否相同。相应的，在某个意义上你也可以说是知道了我的意思：如果你理解了我使用的表达的涵义。如果你不懂得我使用的表达的涵义，那么你就不知道我的意思。

然而，在将"意义"分解为"涵义"和"指称"两层含义后，即便你懂得了我使用的表达的涵义，还有一种你仍然不知道我意思的可能性：你并不知道使用的表达中至少某一个短语的指称。比如我说"我的朋友来了"，你要是不知道"我的朋友"指的是谁的话可能会问"哪个朋友？"举个更极端的例子，假设你被下了药，惨遭绑架，然后被扔在了一个小黑屋。醒来后你完全不知道你在哪儿，什么时间，甚至连你自己是谁都不记得了。但是你仍旧可以说出一句为真的话"我此时此刻在这儿"（I am here now），但是如果你对"我""此时此刻""这儿"这些词语所指称的毫不知晓，那么你真的知道这句话的意思吗？假设我和你在一起，那么我也不懂你的意思。

就当前的目标而言，最有趣的情形是某些人无法（为他们自己的陈述）提供相应的分析和定义时，我们应该如何看待。在他的后期著作中，摩尔开始强调我们无需了解某个陈述的分析就可以懂得它的意思。如果是从"涵义"而不是"指称"的角度来理解"意思"的话，摩尔很可能是对的：比如我们不需要知道水是 H_2O 就能理解"水"的涵义。然而，鉴于我们关于对分析转换性角色的讨论，这里有争论的余地。假设有人坚持说如果你不知道水是 H_2O，你就没有"真正"懂得"水"的意思，这个说法似乎也是有根据的。相应地，如果你知道我所说的话对应的分析和定义，而我自己却不知道的话，要说你比我更懂得我的话的意思似乎也是有根据的。因此，"你知道我的意思吗？"这个问题本身就有着多重含义，如果我们要想回答它的话，必须先搞清楚"意思"指的是哪个意思，就像我们经常说的"嗯，这得看情况吧。"知道我的意思了吧？

第四章　可说或是可思有界限吗？

"你不可以这么说！"，你被人这么说过多少次？也许你是在向一个很亲密的朋友疯狂吐槽你的老板，并宣称下次和老板会面时一定会如何如何。又或者你在和你的同事一起讨论如何向一个基金组织做陈述。可能会有同事告诉你，又或者你暗自会想"我不可以这么想啊！"或许你担心的是你会把这次陈述机会搞砸。又或者在某个体育比赛中，当你面对一个屡次击败你的老对手时，你会想"我肯定又要输了！"但你也很清楚，如果你总是这么想的话自己的发挥一定会大打折扣。当然，这里的"不可以"不是逻辑意义上的"不可以"。某个意义上你当然可以说或是想那些东西，问题是如果你想得到某些东西的话，你就不可以那么说或是那么做：为了保住你的工作，为了申请到基金，为了一个好的陈述，为了赢得某场比赛。这些情况中我们可说或可思的界限是由我们的目标和利益所决定的。

那么我们可说或是可思有逻辑界限吗？换言之，存在仅仅出于逻辑的原因而不可说或是不可思的东西吗？如果我们通过陈述这些不可说或是不可思之物来回答这个问题，那么我们会陷入自相矛盾！因此谈论"界限"可能要好一些。如果我们可说或可思的东西确实有界限的话，那么尽管我们不能跨越这些界限来表明不可说或是不可思的东西是什么（不像我们可以跨越某个地域的边界来指明它的范围），我们还是可以试图从可说或可思的内部顺理成章地指明那些不可说或是不可思之物。所以，这些界限到底可能有哪些呢？

如果我们的可说或可思都是由语言决定的，那么回答上述问题的显而易见的策略就在于划定语言的界限。然而，自人们反思语言伊始，一直就有对语言的表达力是否充分表现世界和表达我们的信念持怀疑主义的立场。有些人就认定若干信念——比如宗教信念——根本无法在语言中得到恰当的表达。这也许表明了尽管我们可说的东西有界限，我们可思的东西没有相应的界限。（它们也许有其他限制，但至少不是由语言造成的。）但是我们能有超出我们表达能力的思想吗？如果没有，那么制约着我们可说或是可思的语言界限又是什么呢？

言说的困难

让我们再次回到弗雷格和罗素。第一章中我们已经看到，

第四章 可说或是可思有界限吗？

弗雷格认为在对象和概念之间有一个根本的区分。对象从属于（一阶）概念，（一阶）概念可以应用于对象（同时它也是高阶概念所应用的对象）。在弗雷格看来，我们所能拥有的最基本的思想就是将一个（一阶）概念应用到一个对象上，比如"弗雷格是一个人"，这些思想都可以用他自己创立的逻辑系统——概念文字——毫无困难地表达出来。比如说"弗雷格是一个人"这个思想可以用"Fa"这个形式化的方式来表达，F代表着"是一个人"这个概念，a表示弗雷格这个对象。在弗雷格看来，概念文字这个逻辑系统原则上足以表达所有可能类型的思想。然而，如何形式化的表达他的根本断言"对象和概念之间有着本质区别"呢？在日常语言中我们或许可以说"没有对象是概念"（或者等价的："没有概念是对象"），但是事实证明，在弗雷格自己的概念文字系统中这个想法没法被表达出来。因此，如果这个根本断言是一个真的思想的话，那么它就是一个没法在弗雷格的逻辑语言中表达出来的思想。它似乎是一个超出了语言之中可说的东西的思想。

正如我们在第二章中看到的，罗素在提出的类型论中论证在对象、对象组成的类、对象的类所组成的类，等等这个层级中存在着一个本质的区分。然而，在表述这个区分时类似的问题同样存在，因为有关对象的陈述不能应用于对象所组成的类，或者是更高层级的类，反之亦然。我们可以断言某个对象是一个特定的（一阶）类中的成员，比如弗雷格是所有人组成的类中的成员。我们同样也可以断言某个对象不是一个特定的（一阶）类中的成员，比如弗雷格不是所有马所组成的类中的成员。但让我们再尝试说某一个类不是一个对象（为了试图表达罗素要做出的这个根本区分），比如说所有人组成的类不是一个对象。这等同于说所有人组成的类不是所有对象所组成的类中的成员。然而这两个类都是一阶类，而且依照罗素关于类的层级理论，任何一个一阶类都不能是另外一个一阶类中的成员。（一个一阶类可以是另外一个一阶类的子类，但这是另外一种完全不同的关系。）因此按照罗素的看法这种论述是不可能的。同样的问题也会困扰其他试图表述罗素这种层级观点中重要的区分。比如说，对象不是一个类，这相当于说一个对象不是类所组成的类中的成员。但是对象只能是对象的类中的成员，而不能是类所组成的类中的。因此，在表述这个区分时我们遇到了困难。

上述困难并不仅仅会影响哲学中偏技术化的领域，让我们看一个更简单直观的例子。考虑我们关于"饿"这个概念。这个概念适用于某一范畴之内的对象，即那些具备进食能力的对象，换言之也就是动物。如果莉比是一只宠物狗，那么我们可以说，无论正确与否，莉比会饿或者莉比并不饿。然而假设我问"这台笔记本电脑饿了吗？"如果回答是，那么我们似乎在荒谬地假设它需要食物；回答否同样似乎也在暗示它已经吃过东西并且短时间内不需要进食了（图 4）。我们想说，笔记本电脑并不是那种会饿或不饿的那类对象：饿这个概念并不适用于它们。但是说"笔记本电脑不饿"并不是表达我们上述想法的正确方式。如果说"笔记本电脑饿了"是无意义的，那么说它不饿也是没意义的。这个例子想表达的要点在于：对象不是概念，或对象不是对象的类，这么说的错误和我们说笔记本电脑不饿的错误是类似的。

图 4　你不饿吗？

上述例子通常都可以被归入我们今天所说的"范畴错误"（category mistake）。不同事物可以被分为很多不同的范畴，某个范畴内的对象可以被合理地论述，并不一定适用于其他范畴下的对象。要想将这一点说清楚，我们需要格外小心：

我们又一次站在了很容易产生哲学困惑的领域之上。

路德维希·维特根斯坦

路德维希·维特根斯坦（1889—1951）可以说是20世纪最伟大的哲学家，尽管其思想产生了巨大的争议。维特根斯坦出生于维也纳，一开始在曼彻斯特大学航空工程专业学习，在读到罗素的《数学原则》（出版于1903年）之后他开始对哲学产生兴趣。罗素的著作包含了一个详细介绍弗雷格思想的附录，维特根斯坦便致信弗雷格，询问是否可以拜访他，并且于1911年夏天见到了弗雷格。由于弗雷格当时年岁已大，并且健康状况不是很好，他建议维特根斯坦去和当时在剑桥的罗素学习。随后维特根斯坦便和罗素一起工作直到1913年的10月，之后他便独自一人搬去挪威居住。1914年一战爆发后维特根斯坦加入了奥地利军队，服役期间他也在继续思考哲学问题，最终成果于1921年发表在他的一本小书《逻辑哲学论》（*Tractatus Logico-philosophicus*）中（1922年被翻译成英文）。这本书通常被认为是哲学史上最重要同时也有点令人沮丧的费解著作之一。

在《逻辑哲学论》中，维特根斯坦宣称已经从本质上解决了所有的哲学问题。1920—1926年期间，他在奥地利乡间的几所学校任教，直到返回维也纳帮姐姐格蕾塔设计一栋房子。通过与维也纳学派不同成员之间的一些交往，维特根斯坦慢慢重新回到了哲学问题的思考之中。维也纳学派深受《逻辑哲学论》的影响，在他们的理论中经常应用并扩展了维特根斯坦的想法，尽管并不总能得到维特根斯坦本人的赞成。1929年维特根斯坦终于又回到了剑桥，开始批判他自己早年的一些哲学想法和假定，并且发展出了一套全新的哲学方法。他被推选为三一学院的研究员，并且在1939年接替摩尔成为哲学教授，直到他1947年辞去这一职位为止。维特根斯坦生前并没有发表任何其他著作，但是在1951年过世后他的作品经编辑、翻译和出版，其后期最有影响的两本是《哲学研究》（大部分内容是在1945年前完成的）和《论确定性》（主要内容是在他生命中最后两年完成的）。

言说与显示

吸引维特根斯坦进入哲学研究的正是罗素悖论。如我们在第二章中介绍过的，这一悖论的构想来自罗素在弗雷格的逻辑系统中发现的一个矛盾。罗素给出的解答是类型论，但是维特根斯坦并不满意这一方案。另一方面，维特根斯坦赞同罗素的摹状词理论，虽然他从这个理论中得出的是自己的结论。就弗雷格的著作而言，维特根斯坦从中发现的是一系列问题的来源，这些问题不仅体现在他的早期哲学著作中，而且贯穿于他终其一生的思考之中。正如维特根斯坦在《逻辑哲学论》的前言中明确指出的，弗雷格和罗素是对他的思想产生最重要影响的两个哲学家。因此，以我们在第一章和第二章中的讨论为背景，现在我们可以理解他对弗雷格和罗素至少某些想法的回应。

让我们从罗素的类型论开始。维特根斯坦对此理论最基本的反对在于，罗素在试图说一些不可说的，至少是不能以有意义的方式说出来的东西（如果类型论是正确的话）。我们已经注意到了在陈述对象和类（以及类的类，等等）这个区分时所面临的困难。这些困难之所以会产生是因为罗素想要禁止谈论作为自身的成员的类（这会导致罗素悖论）：类只能是某个更高阶类的成员。但是说类不能是自身的成员本身就已经违背了罗素自己定下来的类型限制原则。（如果说一个类是自身的成员是无意义的，那么说一个类不是自身的成员同样也是无意义的。）维特根斯坦的回应是这些区分只能被*显示*出来，而不能*言说*。（这个区分在德语中即 zeigen 和 sagen。）对象和概念，或是对象和类之间存在的明显的区分，无法被*言说*出来，但是可以通过某种恰当的符号系统*显示*出来，比如说通过不同类型的词项有着不同的使用规则这一事实。

这个基本想法可以回溯到弗雷格（很可能是维特根斯坦在他于 1912 年 12 月第二次访问弗雷格时两人讨论的结果）。正如我们之前了解到的，弗雷格会将比方说"弗雷格是一个人"这个语句分析成代表了某个对象的"弗雷格"这个名称以及代表了某个概念的"x 是一个人"这个概念词。他将名称视为"饱和的"或是"完整的"表达式，而将概念词当作"不饱和的"或是"不完整的"表达式，因为后者有一个用"x"这个变元表示的缺口，它告诉我们必须代入一个名称才能形成一个完整的语句。对象和概念的差异因此就体现在"饱和的"名称和"不饱和的"概念词之间的差异。我们使用名称来挑出对象，用概念词来将某个概念应用到对象之上（通过说某个对象有某种属性）。名称和概念词的使用规则是不同的。

比如说，如果"弗雷格"和"人"都是同样类型的表达式，那么"人是弗雷格"应当和"弗雷格是人"一样有意义的，但是只有后者才有意义。依照弗雷格的理论，这是因为从逻辑上而言有意义的表达式是"弗雷格"和"x 是一个人"（而非"人"），这两个表达式只能通过（将"弗雷格"这个名称代入 x 所指示的变元位置）联结起来形成上述后者而非前者。语言的本质因此取决于名称和概念表达之间的这个根本的区分，这一区分是我们在能够使用语言时已经潜在地理解了的。当弗雷格在强调对象和概念之间的根本区分时，他想说的就是这个意思，虽然这个区分无法通过说"没有对象是概念"完整的表述出来。事实上，我在这里对弗雷格思想的解读很难用"没有对象是概念"这个看似简单的语句刻画出来。

维特根斯坦意识到了弗雷格关于对象和概念区分的讨论

中的关键问题，而且他发现同样的问题也会出现在罗素的类型论中。言说和显示的区分可以让他得以诊断出问题所在：弗雷格和罗素试图言说的关于类型的区分，只能通过我们对相关词项的使用显示出来。我们照样可以用"饿"这个日常概念来说明这一基本要点。这个概念不能应用于任何不是动物的对象，这一点是在我们使用"饿"这个词项的过程中显示出来的。任何试图通过，比如说"笔记本电脑不饿"表达这一点的，都会违背我们使用"饿"（这个概念词）的意义规则，从而未能完整地将这里涉及的范畴区分表达出来。

言说和显示这个区分对《逻辑哲学论》中的哲学思想而言是根本的——至少看上去如此。但是接下来出现了一个关键的转折点，此问题在近些年引起了巨大的争议：这个区分自身是怎么样的？我们可以言说这个区分吗，还是说，它只能被显示出来？让我们进一步来探索这个问题，首先考虑维特根斯坦关于言说的思想，其次关于显示的思想。

言说是怎么回事？

在维特根斯坦看来，一个语句，当它被有意义地使用时，其实是某种图像：它表达了某种可能事态，也就是世界可能的方式。如果这个事态确实实存——也就是说如果世界的方式确实如此——那么这个语句为真；如果这个事态不实存，那么这个语句就为假。一个语句如何来图示一个可能事态呢？依照维特根斯坦的看法，语句是通过其中要素一一对应于它所表示的事态中的对象，并且对于这些要素来说，它们的关系表示了那些对象之间的关系。比如说，"艾瑞斯比璐璐要高"这句话图示了艾瑞斯比璐璐要高这个可能事态，其中"艾瑞斯"和"璐璐"分别指称艾瑞斯和璐璐这两个对象，"x 比 y 要高"表示了高于这个关系。这个语句图示这个可能事态的方式和图 5 的方式如出一辙。图中第一个女孩表示艾瑞斯，第二个女孩表示璐璐，图中第一个女孩比第二个要高，表示艾瑞斯比璐璐要高。

图 5 "艾瑞斯比璐璐要高。"

上述理论预设了语句中的要素所指称的对象确实存在。这些对象不一定要处在语句所图示的关系之中（此情况下这个语句为假），但是如果语句要有意义的话这些对象必定要存在才行。那么，如果一个语句中包含某个摹状词，而其指称对象又不存在，比如说"法国国王是个哲学家"会怎样呢？这种情形下维特根斯坦便诉诸罗素的摹状词理论。正如我们在第二章中看到的，罗素认为这种类型的语句"实际上"是关于概念的：在我们这个例子中，"法国国王"这个概念是可唯一可实例化的，而且任何实例化这个概念的对象同样实例化"哲学家"这个概念。因此，如果罗素的理论是对的话，这个语句有意义（无论真假）的前提必须是概念的存在（包括可实例化这个逻辑概念）。

事实上，这些概念也许是可以被继续分解的。比如说，"法国国王"这个概念可以被分析成国王这个概念和作为国家的法国这个对象。因此，语句有意义的必要条件便在于：在经过最终分析，语句中所有要素所指称的对象一定要存在。然而，任给一个语句，其最终分析可能是极复杂的。让我们再考虑第二章中的这个例子：平均的英国妇女有1.9个子女。这个语句的完整的分析可能要指称到所有的英国妇女和她们的每一个子女（其真正含义便是：英国妇女子女的总数除以英国妇女的总数等于1.9）。因此如果这个语句有意义的话，所有这些人都必须存在。

然而，诡异的是维特根斯坦从来没有给出任何一个最终分析的语句作为例子，而且也没有说明过可以期待以何种方式获得这种分析。但是他坚持认为每一个语句都有一个最终分析，由此揭示存在的对象（无论它们最终是什么）都必须存在，这是此语句有意义的逻辑前提。一些情况下我们使用的语言必定要以某种方式和它表征的实在关联起来。这一点罗素也赞同，而且将这一观点称为"逻辑原子主义"：分析之可能性预设了实在在其最根本的层面有一些"原子"，以确保表达最终分析的语句中那些简单名称的指称。

意义和缺乏意义

依据维特根斯坦的看法，一个语句有意义当且仅当它是某个可能事态的图像。一个语句要成为某个可能事态的图像需要满足各种不同的条件，但是在维特根斯坦看来，我们不能言说这些条件。反之，它们只能通过语句具有某个意义这个事实显示出来。让我们再回过头来看看弗雷格和罗素尝试表示范畴区分的努力。从维特根斯坦的角度看来，"没有概念是对象"这个语句缺乏意义，因为它不是任何可能事态的图像。如果非要说它有什么意义的话，它只是试图显示语句要有意义的一个条件。严格来说，这意味着它是无意义的吗？在回答这个问题之前，我们需要引入维特根斯坦所做出的另外一个区分，即缺乏

67

意义（senseless, sinnlos）和无意义 (nonsense, unsinnig)。

为了更好地理解这个区分，让我们考虑另外一个悖论。正如我们已经看到的，在哲学讨论中悖论经常是一个非常好的方法来激发某些所特别需要的区分。这个悖论被称作"推论悖论"（方框4）。

方框4：推论悖论（The paradox of inference）

考虑如下这个逻辑推理的简单例子：

天在下雨。

如果天在下雨，那么天空中有乌云。

因此：天空中有乌云。

这是一个有效推论：如果两个前提都为真的话，那么结论一定为真。我们可以用图示的方式将上述推论表述如下，我们用P表示"天在下雨"，Q表示"天空中有乌云"，用→表示"如果…那么…"这个条件句：

P

P → Q

因此：Q

第四章 可说或是可思有界限吗?

Q 可以从 P 和 P → Q 逻辑的推出。逻辑学家将这个推理规则称为分离规则（modus ponens），而且它是逻辑推理中最基本的规则之一。

假设现在有人反对这个推理，并且宣称"只有在我们接受上述规则的情况下，我们才能说 Q 可以从 P 和 P → Q 逻辑的推出。因此，如果要恰当地表述上述论证的话，难道不应该把这个事实显明地陈述出来吗?"那么，我们该如何把这条规则陈述出来呢? 最明显的建议是将其写作（P&(P → Q)）→Q（如果 P 并且（如果 P 那么 Q），那么 Q）。反对者的观点可以表述如下：上述推理是有效的，仅当我们把这个进一步的命题作为缺失的前提添加进这个论证里。完整的论证如下：

P
P → Q
(P&(P → Q)) → Q

Q

然而，如果我们这么做得话很容易会陷入一个无限后退的情形。我们应该再添加"(P&(P → Q))&((P&(P→Q)) → Q) → Q"这个进一步前提吗? 我们到底如何才能做出一个有效推论呢? 一个论证有可能是完整的吗?

问题出在哪里呢？简单的回答是：$((P\&(P \to Q)) \to Q)$ 不应该被看作这个论证中缺乏的前提，这个论证在其最原始的表述下就是完全有效的。论证的结论确实是依据分离规则正确地推论出来的，但是分离规则应当被看作支配着整个论证而非论证中一个单独的要素。相应于每一条推理规则都存在一个对应的逻辑命题，但是这种逻辑命题和论证中的前提的性质是截然不同的。(如果将论证比作一栋由砖头砌成的房子，那么推理规则更像是将砖头粘合起来的灰砂浆而非砖头本身。)

在《逻辑哲学论》中，维特根斯坦将这一点表述为逻辑命题缺乏意义，换言之，它们是没有意义的。不像 Q、P 和 $P \to Q$ 这些有意义的语句，$((P\&(P \to Q)) \to Q)$ 是没有意义的，因为它并没有给这个推论添加任何东西。它唯一说明的就是 Q 可以从 P 和 $P \to Q$ 推出，即分离规则。在我们的例子中，P("天在下雨")，Q("天空中有乌云")和"如果 P 那么 Q"(如果天在下雨，那么天空中有乌云)都有意义，因为正如维特根斯坦所认为的，它们都表示了某个可能事态。另一方面，$((P\&(P \to Q)) \to Q)$ 却不是，因为无论世界的状态是怎样的，它都为真。按照维特根斯坦的说法，逻辑命题都是重言式：它们在任何可能的情形下都为真，因此它们对世界并没有任何言说。

不过，维特根斯坦区分了缺乏意义和无意义。虽然逻辑

第四章 可说或是可思有界限吗？

命题缺乏意义，但是它们并不是无意义的，因为它们可以显示某些东西。$((P\&(P \rightarrow Q)) \rightarrow Q)$ 显示了我们可以从 P 和 $P \rightarrow Q$ 有效的推出 Q。我们再考虑另外一个"P 或者非 P"这种形式的逻辑命题。如果有人告知你"要么天在下雨，要么天不在下雨"，那么你并没有获知任何关于世界的信息，但是它确实显示出了某些东西。最重要的是：它告诉我们这两个情形是排他性的，从我们将"P 或者非 P"称为排中律这个事实便可以看出来。

然而，无论逻辑命题显示了什么，关键在于它们和日常的"经验"命题是截然不同的，经验命题确实告诉了我们一些关于世界的信息。它们的重言式特性也使得它们和纯粹的无意义命题不同：它们并不言说什么，但是它们显示了一些东西，关于我们的推论实践。

无意义可以显示什么东西吗？

那么，无意义到底是什么呢？如果没有意义的语句还可以显示某些东西的话，那么无意义是否应该被理解为那些不能显示任何东西的语句吗？或者，无意义语是否也有不同的类型？我们应该如何看待弗雷格和罗素试图表达范畴区分的那些努力呢？如我们已经看到的，在维特根斯坦看来弗雷格和罗素所试图言说的东西只能被显示出来。我们是否应当将类似"没有概念是对象"这样的语句理解为某种类型的逻辑命题，从而只是没有意义而非无意义的呢？

这里讨论的问题已经引发过巨大的争议。当我们考虑《逻辑哲学论》中的命题时，我们会意识到大部分的命题都不符合维特根斯坦的意义条件：它们并不是任何可能事态的图像。虽然这些命题中的一部分是逻辑命题，但是大部分并不是。这一事实导致有些评论者区分了两种不同类型的无意义：字面意义上的无意义和有启发性的无意义。启发性的无意义确实可以显示某些东西，比如维特根斯坦在《逻辑哲学论》中试图表达的关于语言、逻辑和世界的本质的那些"不可说的"真理。然而，另外一些评论者认为我们应当更加严肃地看待维特根斯坦在《逻辑哲学论》结尾的著名比喻：书中的所有命题应当被看做是一架梯子，一旦我们通过攀爬梯子获得了一个正确的视角之后，我们就应该将其踢掉。书中的大部分命题，严格来说就是无意义的，全书的目的就在于帮助我们通过完整的思考获得这一洞见及其后果。到底哪种看法是正确的呢？

无意义的话可以以很多不同的方式出现，但是它通常都会涉及对支配着我们对特定表达的使用规则的违背或是误用。违背语法规则可能就会导致胡言乱语，比如说"带花生的海蓝宝石以一种令人嫌恶的方式喝醉了"。但是哲学家们感兴趣的无意义的话（至少表面上看如此）几乎都是合乎语法的，而这里语句的无意义通常是某个表达式违反了它的应用条件或界限，也就是说违背了某种语义规则。正如之前的例子，"我的笔记本电脑饿了"，"饿"并不是一个可以适用于非动物对象的谓词。

"没有概念是对象"这个语句看上去和"没有鲸鱼是鱼"是类似的；同样的，"没有类可以是自身的成员"看上去和"没有人可以给自己拍照"也很相似。但是当我们理解了由它们可能导致的混淆和悖论后，我们就会意识到，这种类比只是表面性的，上述两组语句中的前者都是变相的无意义之语。要澄清这一点需要付出很多努力，但是最终的结果不是通过某种重新解释将其变为有意义的，而是认识到它们为什么应当被看成是无意义的。然而，在认识到这一点的过程中，我们会学到相关表达式的可应用条件和界限，从这个角度而言它们显示出了某些东西。因此，上述争论中的两方都捕捉到了某些真理。语句本身并不显示任何东西，尤其是它们并没有表达任何不可说的真理，而是在我们澄清它们为什么是无意义语句的过程中，某些东西被显示出来——这些东西就是关于我们所使用的语言的一些根本特征。对于任何试图陈述言说和显示这个区分的努力，我们同样可以这么说：我们意图表达的东西，是通过我在这一章中给出的阐明和澄清显示出来的。

形而上学是无意义的吗？

维特根斯坦的《逻辑哲学论》一书对逻辑经验主义（有时又被称作逻辑实证主义）在 20 世纪二三十年代的发展有着深刻影响。这一运动主要源自维也纳学派的工作，其成员包括鲁道夫·卡尔纳普（1891—1970）。逻辑经验主义从维特根斯坦思想中所汲取到的最重要一点便是对形而上学的拒斥。不管怎样，正如维特根斯坦在《逻辑哲学论》的接近末尾处表述的观点：

> 哲学的正当方法真正说来是这样的：除可以言说的东西，即自然科学命题——因而也就是与哲学没有任何关系的东西——之外，什么也不说；然后，无论何时，如果另一个人想就形而上的事项说些什么，你就向他指出他没有给予他的命题中的某些符号以任何所指。[1]

形而上学是哲学中的一个分支，它关注的是世界最基本的属性，或者也可以这么说，它关注的是我们用以思考世界的一些最根本的范畴，比如"对象""概念""存在""实存""实体""空间""时间"，等等。

---

[1] 参考〔奥〕维特根斯坦：《逻辑哲学论》，韩林合译，商务印书馆 2019 年版。

第四章 可说或是可思有界限吗？

逻辑经验主义者在"分析的"和"综合的"命题之间做出了一个本质区分。在他们看来，分析命题的真假仅仅是由构成这些命题的词项的意义决定的。比如说，"绿色是一种颜色"这个命题仅仅由于"绿色"这个词的意义而为真。另一方面，综合命题的真假要取决于世界本身的样态。举个简单的例子："兰花是绿色的。"只有当我指向的兰花确实有绿色这个属性，这个命题才是真的。在给出关于综合命题的论述时，逻辑经验主义诉诸他们所提出的证实主义：一个命题有意义，当且仅当它是可以被证实的。也就是说，原则上它的真假可以被经验所断定。比如为了判定"兰花是绿色的"的真假，我们需要去观察兰花以及它的颜色。

证实主义这个论点是建立在维特根斯坦关于意义的理论之上的。一个命题有意义，当且仅当它是某种可能事态的图像。如果这个可能事态实存，那么命题为真，否则它便为假。逻辑经验主义者在此基础上为命题要具有意义添加了一个新的条件，即我们必须要能够证实可能事态是否实存。所有经验的——或者说科学的——命题都属于这一范畴。

那么逻辑命题呢？依照维特根斯坦的理论，它们缺乏意义，但是有真值：重言式为真，矛盾式为假。尽管他们不再使用"缺乏意义"这类术语，但是逻辑经验主义者们认为维特根斯坦已经给出了关于逻辑命题的一个足够令人信服的理论。用他们的话来说，逻辑命题是"分析的"，它们完全凭借命题中逻辑词项的意义为真或为假。比如说，形如"P 或者非 P"这样的排中律，就凭借析取和否定的意义而为真。

那么形而上学的命题呢？依照弗雷格的理论，世界中有两类根本的存在，即对象和概念，它们是截然不同的。因此，"没有概念是对象"就是一个很好的形而上学命题的例子。然而，在维特根斯坦看来，这个命题严格来说是无意义的。所有其他形而上学命题也是一样：从它们既不是任何可能事态的图像也不是逻辑命题这个角度而言，它们是无意义的。逻辑经验主义者认同这一观点：形而上学既不是综合的，因为它们不能被证实，也不是分析的，因为它们并不是仅仅凭借（命题中词项的）意义而为真或为假，因此它们只能是无意义的。

在一篇发表于 1932 年的著名文章《通过语言的逻辑分析消除形而上学》中，卡尔纳普以上述观点为基础论证，通过逻辑分析能够得出形而上学命题都是伪命题（pseudo-propositions）的结论。尽管这些形而上学命题看上去是有意义的，但是一旦我们用逻辑语言将它们翻译出来之后就会意识到，它们其实是无意义的。"没有概念是对象"也说明了这一点。卡尔纳普自己使用的例子包括马丁·海德格尔在 1929 年的一篇演讲稿《何谓形而上学？》的一些论述，如"无比不和否定更为源始和否定之前"和"无本身就不着"[①]。卡尔纳普

---

① 参考〔德〕海德格尔：《路标》，孙周兴译，商务印书馆 2014 年版。

认为海德格尔错误地将作为量词使用的"无"当作一个专名在用。正如我们之前的分析所揭示的,例如"无是一个独角兽"是说"独角兽"这个概念没有任何示例,在逻辑中用存在量词表示为"$\neg(\exists x)Ux$"(并非存在任何独角兽)。

卡尔纳普对海德格尔的攻击已经成为了一个经典的非善意解读的例子,他并没有击中海德格尔"真正"想说的(海德格尔所说的并不是无!)。但是它很好地展示了卡尔纳普是如何通过强调譬如弗雷格和罗素所发展的一套逻辑语言的使用,来推广维特根斯坦的一些基本想法。通过将命题在逻辑语言中形式化,可以帮助我们很好地来筛选出形而上学命题,随后就可将其扔到无意义的垃圾堆中。按照逻辑实证主义者的看法,形而上学试图在有意义的言说和思考的界限之外去思考,我们要抑制住它们的主张,并且将其产生的无意义垃圾清理掉。

那么,我们可说或是可思有界限吗?

在《逻辑哲学论》的序言中,维特根斯坦写到他的任务是为思想划定一个界限,或者更确切地说,是为思想的表达划定界限,因为为思想划定界限的唯一方式就是从语言内部去划定。在维特根斯坦看来,我们所思的界限确实是由语言的界限划定的,而且《逻辑哲学论》的任务就在于,即便不是在所有细节上也至少粗略地显示了这一点。我们重点选取了一类例子来阐明这一点，即范畴区分，就像弗雷格的对象/概念区分和罗素的对象/类的区分，这些区分都是对我们思考的限制。在维特根斯坦看来，我们无法说出这些区分是什么，但它们的成立是由我们正确使用相关表达式的过程中显示出来的，包括专名、概念词，以及关于类的词项等等。

任何违背语言的语法和语义规则的尝试都会导致无意义。在维特根斯坦看来，哲学问题的出现就是源于对这些规则的误解，或者如他所言，源自未能正确的理解我们语言的逻辑。解决——或者更恰当地说，消解——这些问题要求我们显示出这些规则是如何被违背的。如卡尔纳普所提倡的，方法之一便在于展示这些问题是不会出现在"概念文字"或弗雷格和罗素所设计的逻辑语言中。但是与卡尔纳普不同，维特根斯坦强调逻辑语言自身也可能会生成其特有的哲学困惑，一如我们从罗素悖论和类型论的讨论中所看到的。因此，构造出一种逻辑语言并非解决所有哲学问题的万能药，但在它被使用时，我们必须对所要达成的哲学目标有着清晰的认识才行。我们可说或可思确实是有界限的。而且，虽然要说出这些界限可能并不容易，但是通过仔细地阐明语言的复杂运作这些界限肯定可以显示出来。

第五章 我们如何更清晰地思考？

分析哲学非常注重清晰性。但是"清晰"到底是什么意思以及我们如何能更清晰地思考呢？清晰性是如何与分析哲学的其他长处关联起来的？在本书的绪论中我提到了传统上被认为是分析哲学特征的另外两个长处：精确性和严密性。同时我也一直在表明创造性、丰富性和系统性也是分析哲学的长处，至少从那些最优秀的分析哲学著作中可以看到这一点。而且我一直在强调，分析哲学是极富概念创造性的。清晰性到底是如何与上述所有这些特点关联起来呢？

回顾总结

要搞清楚情况的最好办法之一便是回顾与总结。因此，让我们通过回顾本书之前讨论的一些想法来看看我们是否能够对上述问题给出一个初步的回答。让我们先回到第一章中讨论的概念之一。我们可以清晰地思考无穷吗？无穷这个概念在我们的日常思考中确实占据了一席之地。然而，当我们考虑无穷集合时，我们会发现它并不像看上去那么简单。无论你是否为那些引入超穷数的论证所信服，我希望你把握到这个基本要点，即对于某一特定概念的使用也许会存在不同的标准，这些标准也许会在若干非标准的情形中出现偏离，因而产生一个全新的或是改进后的概念。更清晰地思考的方式之一在于理解我们在使用概念时的标准，并且意识到也许存在更多需要辨别的概念。

从这个特殊的例子我们很容易看出清晰性是如何与创造性关联起来的：通过引入更加精细的概念时的概念创新，我们的思考可以获得更高的清晰性。同时，新概念是更加精细的这一点也很好的阐明了精确表达的好处：由于做出了更加精微的区分，我们可以更加准确地说出我们所想的。比如说，在谈论两个集合有相同个数的成员时，我们是从在它们的成员间可以建立起一一对应关系这个角度来谈论的。此时我们也容易看出清晰性与精确性的长处之间的联系：清晰的思考往往反映在精确的表达之中。

对概念使用标准的理解通常伴随着对概念的可应用范围和界限的认识，这同样也有助于我们的思考更加清晰。从第二章中关于罗素悖论的讨论，以及第四章中罗素自己的类型论解答和维特根斯坦的回应，我们可以很好地看到这一点。

第五章 我们如何更清晰地思考？

通常而言，概念只能在某些条件下合法的适用于有限的论域对象。比如说，"饿"这个概念就只适用于（就其字面意思而言）某一范畴内的对象，即动物。将它应用到这个论域之外会导致无意义的陈述。在这种情形下，我们经常会觉得在清晰性和创造性之间存在一些对立，因为我们通常会将概念应用到它们惯常的论域之外，看作是创造力的典范。一个简单的答复可能会承认意义有时候可以通过无意义建立起来，但是如果我们要清晰的思考这一点的话，我们还需要理解意义是如何通过无意义建立起来的。

然而，只有通过考察诠释性分析扮演的角色，我们才能看到清晰性、精确性和创造性之间最强的联系。在第三章中，我强调过解释性的分析在何种意义上是转换性的：通过使用更丰富的概念资源来重新表述一个陈述，或者理解它何以能如此重新表述，我们可以更清晰地思考我们所想。正如弗雷格分析存在命题和有关数字的陈述，以及罗素摹状词理论所揭示的，看上去有关对象的一些表述，很可能"实实在在"是关于概念的。在这种分析中，清晰性、精确性和创造性全部汇聚一处。

我并没有对上面提到的诸如严密性、富有成效性和系统性等等其他优点做太多的讨论。富有成效性是和创造性紧密联系在一起的，并且（论证的）严密性和系统性更多是整套理论而非某个具体分析的特征。我们会在下文中再回到这些问题。

苏珊·斯泰宾

关于分析哲学的第一本教材事实上是由苏珊·斯泰宾（1885—1943）于 1930 年出版的，并且在促进分析哲学在英国的发展方面她比任何人都要做得都要多。她出生于伦敦，受教于剑桥的格顿学院和伦敦大学国王学院，并且在她的余生中都在剑桥和伦敦任教。1933 年她成为了英国有史以来的第一位女哲学教授，并且担任亚里士多德协会（于 1933—1934）和心灵协会（1934—1935）这两个英国很重要的哲学协会的主席。她还是《分析》杂志（*Analysis*）的共同创立者，这个杂志直至今日依旧是分析哲学最重要的杂志之一。她还在邀请维也纳学派的主要成员访问英国并且鼓励哲学思想的讨论方面扮演过重要的角色。正如我们将要在第六章中看到的，当今我们所知的分析哲学传统融合了英国的罗素、摩尔和维特根斯坦的思想和维也纳学派的逻辑经验主义，二者又都可以看作对弗雷格早期著作中思想的继承——尽管是在创造性和批判性的张力中。

从她的自述我们得知斯泰宾是在 1917 年摩尔为她在亚里士多德协会上宣读的一篇论文做评论时"转向"分析哲学的，自此之后她便一直与摩尔保持联系。她撰写的教科书《现代逻辑导论》（*A Modern Introduction to Logic*）出版于

1930 年。此书篇幅超过 500 页，并且涵盖了许多我们现在看来和分析哲学密切相关的主题，比如逻辑和逻辑推理的本质，命题的分析，摹状词理论，科学方法论（比如说因果与归纳问题），定义以及抽象化等等。这本书迅速成为了有关逻辑最新发展的极佳导读，很快于 1933 年便发行了第二版。斯泰宾后来的著作通常都面向更广泛的一般大众。她还出版了另外两本关于逻辑的简短著作，分别是《实践中的逻辑》（*Logic in practice*, 1934）和《现代逻辑基础》（*A Modern Elementary Logic*, 1943）。此外她还著有两本可以被看作有关批判性思维的最早著作，《哲学和物理学家》（*Philosophy and the Physicists*, 1937）和《有效思维》（*Thinking to Some Purpose*, 1939），都是由企鹅出版社出版。斯泰宾于 1943 年 9 月去世。

更合理的形而上学观？

斯泰宾是最早回应逻辑经验主义者对形而上学全面攻击的哲学家之一。她的主要批评就在于任何哲学立场——其中就包括逻辑经验主义——一定包含了特定的预设，包括形而上学的预设。比如说，弗雷格就认定在对象和概念之间存在着一个本质的区分，而维特根斯坦则认为世界是由简单对象组成的，它们必须存在才能保证我们可以有意义的使用语言。

同样的，逻辑经验主义也有一些远非毫无争议的特殊预设。以这个论断为例：在分析真理和综合真理之间存在着绝对的区分。这个论断本身是分析的还是综合的真理呢？看上去它既不是一个凭借"分析"和"综合"这两个表达式的意义为真的论断（除非你将"综合"定义为"不是分析的"，但这于事无补），也不是一个经验真理。在有关"意义"的问题和有关"事实"的问题之间存在着一个根本区分，这种包含了浓烈形而上学味道的论述看上去就是逻辑经验主义者应该去批判的那种设定之一。

斯泰宾在评估自己的——摩尔式的——哲学方法时毫不隐瞒。在将其预设论述清楚的过程中，斯泰宾得出结论这些预设同样也是不能被证成的。类似维特根斯坦，她意识到自己的哲学方法中最显著的预设便是任何分析最终都必定要依赖于一些基本的事实。随着最基本的事实为何物这个问题的论辩在二十世纪二三十年代日趋激烈，是否能达到最终分析这个层面引来了越来越多的怀疑。作为回应，斯泰宾和其他一些哲学家做出了如下区分：逻辑的或者"同层"的分析，和形而上学的或者"新层"的分析。

举一个斯泰宾的例子："所有的经济学家都是会犯错误的。"（这句话比以往任何时候都要正确！）用逻辑符号我们可以将其形式化为：$\forall x(Ex \to Fx)$（对任意的 x，如果 x 是一个经济学家，那么 x 是会犯错误的）。这个陈述和我们在第二章末尾所讨论的"所有马都是动物"有着相同的逻辑形式。这个形式化给出了此陈述的逻辑分析，但是我们依然可能会问到底有哪些基本事实使得它为真。一种可能的回答是它可以被还原为一系列特殊事实的合取，比如说卡尔·马克思是会犯错误的，约翰·凯恩斯是会犯错误的，穆罕默德·尤努斯是会犯错误的，等等。这将会是一个形而上学分析。逻辑分析是"同层"的，因为它仅仅是告诉我们关于原命题的（据说）等价陈述。形而上学分析是"新层"的，因为它（似乎）告诉了我们命题"之外存在"的最终指向的那些对象。

有了这个区分，我们就有可能在拒斥形而上学分析的同时保留住逻辑分析。有关形而上学分析的疑虑不应该影响逻辑分析的合法性。让我们回到之前举过的一个例子，假设有人对我们何以能够谈论独角兽不存在而倍感困惑。也许只需要指出我们"真正"的意思只是"独角兽"这个概念不能被实例化，而无需给出任何其他的"深层"形而上学分析。然而，我们也许可以给予形而上学分析一个更适中的角色，只要我们意识到形而上学分析是相对于我们的目的而言的。比如说，要谈论一个委员会的所作所为，我们只需要将其还原到委员会中每一个个体成员的所作所为即可，而不需要额外的去解释成为一个人是什么意思。换言之，为了解决某一问题，我们只需要分析到一定地步便可。我们可以拒绝"最终"

分析这个概念。这就是斯泰宾在她后期著作中所采用的哲学方法，看上去也是一个明智的形而上学观。

有目的的思维

让我们考虑斯泰宾在《现代逻辑导论》第一章中提出的一个被称为"反思性思维"的例子，——它与"宣传的幻想"相对立。某个不会游泳的人正在海边某块岩石上做白日梦，直到突然的一声叫喊使他意识到潮水就要过来，并且返回海滩的道路已被阻隔。知道自己不会游泳，他只能看看能否爬到岩石的更高处以躲避潮水。从岩石上的一根绿色的线条他能估计大致的高水位线会在何处，并且在岩石上发现了一处能保持安全的落脚地，于是他做出挪过去的决定。斯泰宾写道，这样的反思性思维是"定向的"：本质上它是为了解决一个特定的问题，在我们的例子中即如何避免被淹死。从某种意义上它同样也涉及了逻辑思考，因为他合理地从如下前提"潮水来了""我不会游泳""我在高水位线之下""那个岩架落脚点在高水位线之上"得到"我必须爬到那个岩架落脚点"这个结论。

在她后来的著作中斯泰宾不再经常使用"定向的"这个表达，而更多的是"有目的性的"思考，但是基本想法是一贯的，而且这也是她后来所有著作中的一个主导性的思

第五章 我们如何更清晰地思考？

想。事实上,"目的性思维"是她在《实践中的逻辑》(1934年)一书中第一章的标题,此书是一本篇幅不长(100页左右)的关于逻辑和批判性思维的非技术性的导论。在那一章中她将目的性思维界定为"以心中某个确定问题的解答为指向的思维",并且详细论述在此思维过程中通常涉及的一些因素。这一想法同样也反映在也许是斯泰宾最有名的著作《有效思维》的标题之中[①],此书出版于二战前夕。书中她写道,有效的思考就是以我们所要回答的问题以及我们所处的环境出发带有目的性的思维。她还强调,我们的思维总是涉及我们整个的人格特征,并由我们身处其中的环境所决定。

虽然体现目的性思维的特定行为在细节上会差别很大,但是有一种总体特征是这些行为都共有的。我们可以以斯泰宾在前面提到的那个岩石上的人为例来说明。第一,必须对相关的经验事实有一定的把握和理解。比如说在这个例子中,这个人必须意识到潮水很快就要来了,并且察觉到周围的岩石堆。第二,他必须对世界的运行法则或一般规律有一定的知识,比如说潮水每天会达到的最高水位,以及如何从岩石上的绿色线条大致判断潮水的位置。第三,他必须对自身的

[①] 原书的英文表述 *Thinking to Some Purpose* 能更好地突显与目的性思维的关系,然而为了保持中文的前后一致,我们采用吕叔湘先生的翻译,即《有效思维》,本书曾于1996年由商务印书馆出版。——译者

能力有着清醒的认识，譬如虽然他不会游泳但是他会攀爬。第四，他必须懂得自身面临的困境以及可能的解决方案。在这个例子中，他知道如果自己待着不动的话很可能会被淹死，并且他可以爬到周围的岩石上以求寻得一条归路或是爬到高处等待潮水退去。第五，他还必须懂得如何推理，即从某些前提推导出某个结论，正如我们在之前已经提到过的。最后，他必须能够使用和理解语言。在我们的例子中，这个人必须懂得当别人在向他叫喊时所想表达的意思，在思考时他也必须有能力用语言——哪怕是自言自语——表达出自己的信念和欲求。（这可能是这个例子和其他很多情形不太一样的地方，在其他情形中明确的语言使用可能会起着更重要的作用。）在所有这些总体特征中，斯泰宾最关注的是最后两点，因此，让我们更仔细的依次考察它们。

逻辑思维

逻辑思维涉及的是从一个或一组被称为前提的命题推出另一个被称为结论的命题。如果不可能出现前提都为真但是结论为假的情况，我们就称这个推理或是论证为有效的，换言之即结论可以从前提逻辑推导出来。在第四章中我们给出过一个简单的逻辑推理："P，P → Q，因此 Q"。下面是另外一个例子：

第五章 我们如何更清晰地思考？

潮水就要来了。

如果潮水就要来了，那么海平面会升到高水位线处。

因此：海平面会升到高水位线处。

从岩石上那个不会游泳的人的反思性思维过程中，我们可以看到如上的推理。事实上，我们可以把他的思考重构为一整个链式推理。在得出海平面会升到高水位线处这个结论之后，他很可能会继续做出如下的推理：

我在高水位线之下。

如果我在高水位线之下，那么海水将会淹没我。

因此：海水将会淹没我。

如果海水会淹没我，那么我必须得爬到高于水位线的地方才行。

因此：我必须得爬到高于水位线的地方。

上述链式推理主要使用的就是我们在第四章中讨论过的分离规则（Modus Ponens）。它是最根本的逻辑规则之一，但并非唯一的规则，可能还存在很多其他不同的方式来重构岩石上这个人的反思性思考过程。但是无论我们如何重构这个过程，我们必须保证整个推理是有效的。这不是说所有前提都一定要为真，而是说如果前提都为真，那么结论也一定为真。

在逻辑思维方面我们的本领如何呢？让我们继续考察这个依据分离规则的推理实例，分离规则允许我们从"P"和"如果 P，那么 Q"（P → Q）推出"Q"来。这个规则的核心是我们对条件句的理解，条件句的一般形式是"如果 P，那么 Q"，这里的 P 通常被称为前件，Q 为后件。因此，我们如何来理解条件句呢？考虑下面所描述的华生选择任务，你会怎么选呢？

知识框 5　华生选择任务

假设桌面有四张卡片，每张卡片都是一面有一个字母，另外一面有一个数字。你看到的是如下情形：

| A | M | 3 | 6 |

你至少应该翻开哪一张或哪一些卡片才能验证如下这个条件句为真：

如果卡的一面是个元音字母，那么它的另一面必然是一个奇数。

第五章　我们如何更清晰地思考？

如果你的回答是你必须翻开是 A 和 3 的这两种卡片，那么你会有很多支持者：实验证明绝大部分人给出的都是这个答案，至少在他们第一次被问到这个问题的时候。然而它是一个错误的答案。你不需要翻开上面写着数字 3 的那张卡片，因为无论另一面是什么，它都没法证伪（falsify）这个条件句。如果另外一面是个辅音字母，那么它便和这个条件句的测试无关；如果另外一面是个元音字母，那么它也不构成条件句的反例。

某种意义上，如果数字 3 的那张卡片反面的确是个元音的话，那么它确实确证了这个条件句——因为它是条件句的一个正实例。这可能部分解释了为什么大部分人都觉得必须翻开这张卡片。但是为了验证条件句，我们唯一需要考虑的是那些它可能会被证伪的情形。如果正面为 A 的卡片的反面是个偶数，那么它就会证伪条件句，因此我们必须翻开这张卡片。这一点大部分人都很容易懂。但是同样的道理说明正面是 6 的这张卡片也必须被翻开，因为如果它的后面是一个元音字母的话，那么它就会构成一个使得条件句为假的反例。我们无需翻开正面是 M 的这张卡片，因为它和这个条件句的测试不相关。因此，正确的答案是我们必须要翻开正面为 A 和数字 6 的这两张卡片。也许我需要花更多的时间向你解释才能说服你，又或者你仔细思考一番之后才能发现这些，但是这个选择任务最有趣的地方在于大部分人都能理解答案的正确性，即便他们一开始做出的是错误的判断。这是一个极富意义的结果。即使我们在实践或是某些情形中会犯逻辑错误，我们依然能够学会认识到这些错误——这一点证明了我们都是有着逻辑思考能力的。

这个特殊的测试最开始是由心理学家彼得·华生于1966年提出并用于实验的，这远在斯泰宾之后。但是我们有逻辑思考的能力这一点一直都是斯泰宾著作中未言明的一个假设。一直以来逻辑学家都在尝试制定推理规则，并辨别出一些常见的逻辑谬误，斯泰宾的著作中就有很多关于此的讨论。有些推理规则并不像分离规则一样在我们的思维中根深蒂固，有些谬误比起华生选择任务中的错误而言更不容易解释。但是要点在于，所有这些规则和谬误原则上都能向（几乎）所有人解释。清晰的思考有赖于尊重逻辑规则和避免谬误。因此，正如斯泰宾所主张并竭力推动的，获得清晰思考的方式之一便是研习逻辑，并且掌握在推理中可能会犯的各种各样的错误。

批判性思维

在她关于逻辑的教科书中，斯泰宾详细讨论了逻辑思维。这同样也是《有效思维》的主题之一，但是此书的所关切的要广阔得多。在重印的1948年版的内封上它被描述为"有

第五章 我们如何更清晰地思考？

关清晰思考的急救手册"。现如今我们会把此书称作批判性思维的著作。如果要我解释分析哲学是如何获得更广泛的知识分子群体（也就是说，大学哲学教师之外的知识群体）的注意的话，我一定会提到斯泰宾的《有效思维》这种类型书籍的影响。这本书为分析哲学最基本的优点之一——清晰思考——提供了很强的实例。

《有效思维》在不同章节中对诸多种类的混乱思维做出了诊断，并给出了相应的治疗手段。比如说，在第六章中斯泰宾讨论了所谓的"罐头思维"，即那些依赖于口号或简短时髦的、压缩陈述的思维形式。如果在这之前有新的思考的话罐头思维并不危险。但是如果我们接受它只是为了免除思考之劳的话，那么它就会变成危险的。在当今这个信息喧嚣的时代，分析哲学所独有的诠释性分析显得比以往都要更为迫切，因为它可以帮助我们识别不同类型的罐头思维——看它打开后是浓缩的新思想，还是说它只是一堆混淆、过分简化和自负的断言。

斯泰宾还讨论了隐喻、类比、寓言、讽喻和明喻在我们思维过程中所起的不同作用，以及它们有可能误导我们的方式。隐喻在我们语言中的使用范围也许远比你以为的要更广泛。比如说，在锻造"罐头思维"这个说法时斯泰宾其实就是在使用隐喻，以相同的脉络，我们通常也会以一种隐喻的方式将某个想法称为"半生不熟的"。（在这句中，我还用了另外两个隐喻。)很多隐喻现在已经"死了"(这里"死"也是一个隐喻),从某种意义上说最初激发这些隐喻的比较已被遗忘,这些术语已经获得了自己的生命(混合隐喻!)。如果我们能意识到那些死去的隐喻和新鲜出炉的隐喻的本义并且意识到我们是在作比较,那么使用它们是相对无害的。最危险的是那些中间的灰色地带,即嵌入在隐喻中的那种比较影响着我们的思考而我们全然不知。正如我们将在第六章中看到的,"分析"本身就是一个隐喻。

类比既可以用来帮助我们阐明某事,如论证或主张,也可以作为论证本身的一种形式。第二种情况我们称为"类比论证"。对象甲可能会具有诸如F、G、H属性,此外它还可能有P这个属性。此后我们也许会发现另外一个对象乙也有F、G、H这几种属性,在类比推理的基础上,我们便推论说乙也有P这个属性。作为一种启发式的方法,类比思维有助于我们去探寻其他事物所可能具有的属性,但是要在类比成立的情况下,类比论证才是会起作用的。和隐喻一样,类比推过头就会让人产生错误的想法。它可以帮助我们训练思维,但是很容易失效。

同样的论述也适用于寓言、讽喻和明喻,它们遍布于各类著作中——比如说在中国的文学经典和宗教著作中就有这样一种丰富的传统,善于用这些来巧妙而间接的提出很多观点。哲学史上最著名的例子之一便是柏拉图在《理想国》中用以描述人类状态的"洞穴寓言"。柏拉图设想一群人被锁在一个洞穴之中,只能看到他们面前的墙以及墙上的东西。在他们身后有一团火,火和人群之间还有一堵矮墙,火会将出现以及移动的东西投射到人面前的墙上(基本观点见图6)。被困的人会把墙上的阴影当作实在。另外一个例子是弗朗西·培根在他的《新工具论》中所提出的三个著名比喻:

图6 柏拉图的洞穴寓言

经验主义者好似蚂蚁,它们只是收集材料来使用;理性主义者像蜘蛛,它们用自己的材料做成蛛网。而蜜蜂采取中间道路,它从花园和田野的花里收集材料,但用自己的能力转换并消化这些材料。真正的哲学工作与此并无不同,因为它不仅仅依赖或是主要依赖心灵的能力，也不是从自然史和机械实验中得到材料，并将它们在记忆里全都按照原样贮存起来，而是将哲学材料经过改变和消化贮存在理智中。①

将"真正的"哲学家比喻成蜜蜂是一幅美妙的图景，但是我们不应当从中推论出哲学家也会蜇人（虽然我们想到蜜蜂蜇人一次便会死可能会好受一点）。

图 7　一个人不能从同一家银行提两次款

---

① 参考〔英〕培根：《新工具》，许宝骙译，商务印书馆 2011 年版。

第五章 我们如何更清晰地思考？

《有效思维》一书中最长的一章是"滑入歧途"。除了讨论不同的逻辑谬误之外，斯泰宾还着重讨论了"歧义"的问题。一个词可能有很多不同的含义，这一点本身是不会带来问题的：我们通常可以依赖语境来解决歧义和多义的问题。如果有人在市中心问你最近的银行（bank）在哪里，你几乎不会认为他想知道最近的河岸（bank）而非最近的金融机构在哪里。危险主要出现在论证过程中从某个词的一个含义滑入另外一个意义。

所以，我们如何更清晰的思考？

斯泰宾的著作讨论了众多我们可能误入思维歧途的方式，包括逻辑谬误、罐头思维，以及（不恰当）类比和歧义。通过引起我们对这些论证方式的注意，她显示了如何通过避免它们来获得更清晰的思考。因此，对"我们如何更清晰的思考"这个问题的一个简洁的回答便是：阅读类似《有效思维》这类关于批判性思维的著作并从中受教。我们还可以通过将论证中的前提以一种更加明确的方式表达出来，以获得更清晰的思考。因为这样的话我们可以更好的保证结论确实是从前提有效推出的，同时也方便别人看出这一点。所以，这里与之相应的建议便是：阅读一本关于逻辑的著作并从中受教。此处我们也可以看出思考的清晰性和论证的严密性的优点是如何关联起来的。

90　　将我们的论证以更仔细的方式呈现出来，同样有助于我们探究前提假定中所蕴含的其他东西，也可以看出我们所相信的不同的东西是以何种方式连贯在一起的。它也可以帮助我们揭示一些隐蔽的假设，并检测某些矛盾之处，从而有利于我们更好的理解自己的信念，提高其一致性。因而，论证的严密性和富有成效性、系统性这两个优点也是有所关联的。

91　　我们还可以通过对概念做出更精细的区分来获得更清晰的思考，但是要注意是在适当的情况下。斯泰宾强调过，如果讨论的话题无需明显的区分，做出更精细的概念区分不见得就一定会导致更清晰的思考。这完全取决于思考的语境和目的。正如我们将在下一章——也是本书最后一章——中所看到的那样，寻求一个能将"分析哲学"与其他非分析哲学清楚区分开来的定义就提供了一个很好的例子。

第六章　到底何谓分析哲学？

在本书的绪论中我说过，我的目标是引领你经历一场思维之旅，而非仅仅一场观光之旅。在接下来的章节中我们探索了五个不同的主题，这些主题展示了弗雷格、罗素、摩尔、维特根斯坦和斯泰宾是如何做分析哲学的。我们提出了不少问题，并且看到了上面几个哲学家是如何回答这些问题的。如我希望你们看到的，这些哲学家各自的观点和方法之间既存在着相似点，也有差异。那么，有没有一些共同点能够刻画作为一个整体的分析哲学呢？我已经论证过分析哲学家最看重清晰性和精确性，如果他们连自己的学科都没法清楚界定的话，那岂不是一个莫大的讽刺？

在我看来，试图通过那些被所有分析哲学家也仅仅是分析哲学家共享的一些信条和学说来定义分析哲学，这种做法是错误的。（摩尔的未决问题论证此处也适用。）诚然，目前我们所认定的分析哲学范围是如此之广，而且还在不断延伸，要想给出上述类型的定义将会是徒劳的。另外一种可能的方法是，通过借用维特根斯坦后期哲学中的一个想法来刻画它：从某个宽泛的意义上来说，分析哲学就是通过家族相似维系在一起的一种哲学。然而这种说法也大有问题，在任意两个哲学家之间，我们总可以找出其他的哲学家来构造出一个家族相似链，因此最终的结果就是所有哲学家都可以被认为是分析哲学家。

一个更精细的回答可能会通过将其嵌入一个更具体的历史故事来充实家族相似这个想法，解释了那些受分析哲学公认的创始者们的思想如何激发后续争论中实际发展出的论证、学说和理论。某个学者之所以被视为分析哲学家，在于他积极主动且自觉地在这些争论中做出了自己的贡献。我非常赞同这种界定方法，而且在本书的部分内容中也尝试以这种方式来叙述，比如说在讨论罗素是如何尝试解决他在弗雷格的著作中发现的悖论，以及维特根斯坦如何在批评弗雷格和罗素的过程中提出言说和显示的区分。

然而，讲述这样一个历史故事和试图给出分析哲学的独有特征这一点并非不可相容，可以帮助我们更好地理解分析哲学的特色，以及它是如何与其他不同类型的哲学区分开来的。我在本书中还想展示的一点是分析哲学首要是一种做哲学的方式，这一方式显示了很多它特有的长处，以及使用现代逻辑的发展带来的新方法。

第六章 到底何谓分析哲学？

分析"分析"

正如我在绪论中表明的，最明显的刻画分析哲学的办法是考察一下它对"分析"一词的使用。然而，考虑到"分析"一直以来都以某种方式在哲学中扮演着重要的角色，上述想法只不过是把问题推进到在分析哲学中到底是何种形式的分析在起作用。在第三章中，我区分了"分析"的三重不同含义，分别是诠释性分析，分解式分析和回溯式分析，并且表明虽然这三重含义在分析哲学中都有所体现，但是诠释性分析才是弗雷格和罗素著作中特有的，摩尔在提出关于分析的问题中也尤为关注这一点。

第五章中我们谈论过斯泰宾的一个看法，即隐喻可能会误导人。事实上，有关"分析"的讨论提供了一个极佳的例子。分析（analysis）这个词起源于古希腊语中的 *analusis*，这个词最原始的含义之一是"解开"：前缀 ana 表示向上，lusis 表示松开或是分开。比如说，我们在荷马的《奥德赛》中就能看到，佩涅洛佩在晚上会悄悄把她白天织好的寿衣的线网解开以逃避那些求婚者，因为她之前已经答应过，当寿衣织完的时候她就必须嫁给众多求婚者中的一人（奥德修斯长期在外）（图8）。这个词此后以隐喻的形式获得了一些扩展的含义，比如"解除"或"消解"问题。（毕竟，佩涅洛佩为她的问题找到了一个聪明的解决方案）在古希腊几何学中，这个词获得了一个更加专门的含义，特指往回找出一些更基本的原理、定理和几何图形构造方式，以此来解决相关的问题（比如说证明某个定理或是构造出某个图形）。这便是分析的"回溯性"含义，尽管这一含义到底是如何起作用的在后世争议不断。

图 8　佩涅洛佩解开她的网线

第六章 到底何谓分析哲学?

当希腊词汇被翻译成拉丁语时,analusis 被译为 decomposito,两者在英语中的直译分别是 analysis(分析)和 decomposition(分解)。这两个词有时被用作同义词,有时含义又稍有不同:后者含有更多的"打破"的意思。(类似的例子还有很多,举几个最突出的,比如 fantasy 和 imagination,ethics 和 morality,以及 psychological 和 mental。这几对词组中,前者都源自希腊语,后者源自拉丁语。在使用或理解中有时它们多多少少被当作同义词,有时二者间的含义又很不一样。关于每一对词组,我们都可以讲述一个精彩的、富于哲学意味的漫长故事。)然而,就 analysis 和 decomposition 被视为同义词这个角度而言,分解的内涵被投射到分析上了。或者更准确地说,它加强了分析一词中本已有的分解含义,而使得分析的其他含义变得更隐蔽了。换言之,分析一词的含义变得越来越接近分解,以至于如今大部分人都会将分解看成是分析一词最相关的含义。

然而,分析的其他含义仍然存在,尤其是不同于分解的"解决"和"消解",它们从那时起(借用另外一个隐喻)注入在分析的其他含义中。以"解析"几何(analytic geometry)为例,这是由 17 世纪的笛卡尔和费马创立的。解析几何的核心思想在于借用代数和算术的资源来解决几何问题。比方说,直线一般是通过方程 y=ax+b 来表示的,这里的 x 和 y 提供了在图上绘制线的坐标,a 是直线的斜率,b 是直线和 y-轴相交的点（即当 x=0 时 y 的值）。那些在欧式（古希腊）几何学中无法被解决的问题，很容易就能在解析几何中获得答案。为了对照，欧式几何学有时又被称作综合几何学（synthetic geometry）。

在解析几何中，我们是通过将几何问题"翻译"成算术和代数问题之后来解决它们的。这里我们也可以看出"诠释性"分析是如何起作用的。在应用算术和代数解决问题之前，我们必须将直线、圆、曲线等等"解释"为方程式，并相应地重新表述那些几何问题。这个想法可以概括为：很多问题需要被诠释为一种新的形式，这样我们才有可能使相关的理论或是概念框架发挥作用。分析哲学里的情形莫不如此：我们通过分析那些引起哲学问题的命题以解决或是消解这些问题，这需要在一个更加丰富的概念框架中或是一个恰当的逻辑理论中，重新阐释这些命题或将之形式化。因而，分析哲学的"分析"更多体现在解析几何是分析的这个含义上，而不是任何粗糙的分解这个含义上。

不过，我需要再次强调，我所区分的这三种分析通常都交织于实际的分析的例子或课题中。的确，就"分解""回溯"和"诠释"都是隐喻这个角度而言，它们反映的只不过是解决问题过程中不同的方面或维度而已。我们以不同的方式和方式的组合来解决问题。我们可能不得不将其分解为更小的容易攻破的部分，识别出一些我们已知的内容来帮助解题，并且/或者将问题重新表述以寻求新的思路。分析这个概念是如此复杂，以至于任何特定的隐喻都能难捕捉到它，这一点都不奇怪。

但是如果最宽泛意义上的"分析"指的就是解决问题，那么一切哲学不都应该是分析哲学吗？如果我们现在称之为分析哲学的学科，使用的只是"分析"的某一个极为特殊的含义，那么是什么含义使得它在自我描述中适合强调分析呢？最简单的回答是它对现代逻辑的使用——由弗雷格、罗素以及其他人发展起来的量化逻辑——和后来由它衍生出来的各种技术方法，以及由此产生的对逻辑和语言关系的更深入理解。正如解析几何通过使用算术和代数的强大工具彻底改变了几何学一样，分析哲学通过量化逻辑和意义理论的强大工具也彻底改变了哲学。

后来的分析哲学

在本书中我们集中探讨了分析哲学五位创始者的一些主要思想。在我看来，相比于对分析哲学的全部内容做一个走马观花式的介绍，彻底把这些主要思想搞清楚有助于我们更好的理解做分析哲学的方式。但是分析哲学在经历了早期的发展之后又有很多重大的进展。因此，它后来的进展是如何发生的呢？还是以分析为主题，我会勾勒出分析哲学后期发展的两条主线，它们在后来的发展中以不同的方式转换并延伸了分析哲学早期的看法和实践。

在第五章中，我们已经讨论过由斯泰宾和其他哲学家关于"分析"做出的一个重要区分，即逻辑的或"同层"的分析，以及形而上学的或"新层"的分析。这一区分使得接受前者而拒斥后者成为可能，尤其是可以摒弃一定存在某一终极、确定的形而上学分析这一观念。这就是现在通常被称为——虽然这一称呼极具误导性——"日常语言哲学家"或"语言哲学家"的哲学进路。这些哲学家主要在二十世纪五六十年代的牛津工作，但也包括维特根斯坦。通过否定他自己在《逻辑哲学论》中的一些核心思想，维特根斯坦在三、四十年代在剑桥发展了自己的后期哲学。

维特根斯坦后期思考的主要成果集中体现在他的《哲学研究》一书中。此书的主要部分完成于1945年之前，但是直到1953年他过世之后才得以出版。维特根斯坦持续关注着意义和无意义之间的区分，但是他不再认为我们语言的使用是被一个单一的逻辑——本质上就是弗雷格、罗素制定的——所奠定。他也放弃了自己早期关于命题的看法，即一个命题有意义，当且仅当它是某个可能事态的图像。相反他强调他称之为我们的"语言游戏"的多样性，每一个语言游戏都有它自己的"逻辑"或"语法"（那时他更倾向于使用"语法"这个术语），它可以被理解为每一个语言游戏所依据的那一系列规则。

第六章 到底何谓分析哲学?

根据维特根斯坦新的看法,哲学在于获得关于我们"语言游戏"的语法"综观",以此来清除掉可能产生的误解。在《哲学研究》第90节,他写道:

> 因此,我们的考察是一种语法的考察。这种考察通过消除误解来澄清我们的问题。也即这样的误解,它们是有关诸语词的用法的,部分说来由我们语言的诸不同的领域中的表达形式之间的相似性引起的。它们中的一些可以通过如下方式来消除:用一种表达式来取代另一种表达形式;人们可以将这种做法称为对我们表达形式的一种"分析",因为这个过程有时与分解具有一种相似性。[①]

从这里的表述看,维特根斯坦的哲学方法也可以被刻画为某种形式的"分析",尽管我认为他也被自己稍微误导了,更多从"分解"的角度来理解分析。但是这一方法的确属于斯泰宾所说的"同层"分析和我所理解的"诠释性"分析之列。

另外一个在二战之后发展起来的关于分析的截然不同的观念,主要受弗雷格和罗素而非摩尔和维特根斯坦著作的影响,尤其是弗雷格-罗素的逻辑主义纲领中所体现的那个分析

[①] 参考〔奥〕维特根斯坦:《哲学研究》,韩林合译,商务印书馆2019年版。

的类型。回忆一下在第一章中讨论的弗雷格用类定义自然数的观点。这并不是"日常"说话者会想到的一个定义。正如我们讨论过的,他们试图通过借助新逻辑更加丰富的概念资源为我们有关算术的概念提供更深入的理解。卡尔纳普后来称之为"阐释"(explication),他将之刻画为用更精确的科学的术语来替代一个日常模糊的概念,就像我们用物理学和化学中更加精确定义的温度和 H_2O 概念替代日常生活中的温暖和水这些概念一样。

当1933年纳粹在德国掌权时,卡尔纳普和其他几个逻辑经验主义者一起移民美国,由此他们提倡的更加"科学化"的哲学观念也在那里生根。哲学被看作和自然科学连续的学科。相应地,分析也以一个更加科学的精神来看待,最终为形而上学分析的复兴开辟了一个通道,尽管这是在逻辑经验主义全盛时期所严厉拒斥的。

由此可以看出,二战之后的分析哲学大致分成了两个方面,一个发展了摩尔和斯泰宾的方法,另外一个以弗雷格和罗素的工作为基础,而维特根斯坦的《逻辑哲学论》则对两者皆有影响。让我们更仔细地考察一下每一方面。

日常语言哲学

除了维特根斯坦之外,"日常语言哲学"的三个主要代

第六章 到底何谓分析哲学？

表分别是吉尔伯特·赖尔（1900—1976），约翰·奥斯汀（1911—1960）以及彼得·斯特劳森（1919—2006），他们都在牛津大学工作。赖尔的著作是分析哲学从新层分析到同层分析发展的一个缩影。在他于1932年发表的《系统的引人误解的表达式》一文中，他假定每一个命题都有一个"正确"的逻辑形式。然而，当他在1949年发表的最有影响的著作《心的概念》时，他专注于描绘他称之为关于我们概念的"逻辑地理学"。正是赖尔普及了"范畴错误"这个想法，《心的概念》一书的核心论证是由17世纪的哲学家笛卡尔引入的心灵作为"机器中的幽灵"占据着身体这个想法是一个范畴错误。可以有意义地谈论心智现象的东西并不一定就可以适用于物理事件，反之亦然。他在此书中提供了我们关于心智现象的诸多概念的论述，也探讨了它们之间的逻辑关联。

如果赖尔代表的是牛津的维特根斯坦学派的话，那么奥斯汀代表的就是牛津的摩尔学派。他在1956年发表的论文《为辩解进一言》便是他哲学方法的最佳介绍。文中他讨论了这个永恒的哲学难题：我们到底是自由的还是凡事都是被决定的？依循摩尔试图区分不同问题的方法，奥斯汀认为，看似的对立可以分解为许多更为具体的区别，这些区别在这些术语适用的具体环境中以更微妙的方式在起作用。想想我们在描述某人以一种不完全"自由"的方式行动时使用的副词的范围，如"不经意地""错误地""偶然地""心不在焉地""无意地""漫不经心地""自动地""胡乱地"和"漫无目的地"。在自由行动和完全被决定的行动之间真的有一个重要的区分吗？我将（故意）让你自由地来决定你自己的看法！

奥斯汀为现在我们所知的言语行为理论奠定了基础。他强调了我们可以用语词来做的各种不同事情。例如，当我说"我承诺"的时候，我并不是在说某个东西（不是在给出某个可能事态的图像），而是在实施承诺这种行动：奥斯汀称之为"施行式"（performative）话语。斯特劳森接受了言语行为这个概念，并用此批判罗素的摹状词理论（该理论首先发表于1905年《论指称》一文中），斯特劳森的这篇颇具影响力文章是发表于1950的《论指称》。在斯特劳森看来，如果法国国王不存在的话，那么"法国国王是个哲学家"这个陈述应被视为既不真也不假，而非罗素所认为的那样为假。我并不是在断言（asserting）法国有且只有一个国王，而是预设（presupposing）其作为断言关于这个人的某些情况的条件。断言和预设都是我们在使用语言过程中的一些言语行为，斯特劳森对罗素基本的指责就在于罗素只关注语句，而不是我们对语句的使用。

斯特劳森后期著作的特点是对形而上学的回归，不过这种形而上学是他称之为"描述的"而非"修正的"形而上学，它重在澄清我们用以思考世界的根本的概念框架。在1992年出版的《分析与形而上学》一书中，斯特劳森区分了"关联式"和"还原式"的分析，他赞同前者：对某个概念哲学上的阐明就在于解释清楚它与其他概念间的复杂联系。

理想语言哲学以及科学的哲学

让我挑选出三位哲学家来感受一下分析哲学在二战之后美国的发展：奎因（1908—2000），唐纳德·戴维森（1917—2003），以及希拉里·普特南（1926—2016）。奎因最有影响力的文章是1951年发表的《经验主义的两个教条》。在文中他批判了逻辑经验主义对分析命题和综合命题的绝对区分，以及他们关于"分析"的还原式的观点，即一切综合命题最终都要通过感觉经验来证实。在奎因看来，有关"意义"的问题和有关"事实"的问题之间不存在清晰的区分。他提出了另一种观点是将他称之为我们整体的"信念之网"当作一个整体接受经验检验。

然而，奎因却赞同卡尔纳普这个看法，即哲学的作用是"阐明"我们的日常概念和信念，通过将它们"翻译"或用他的话说"规整"到一个恰当的逻辑语言中。尽管卡尔纳普认为这是清除形而上学的一个方法，奎因却和罗素之前所做的一样，将之看作揭露出我们"真正"的本体论承诺。换言之，展示了目前最好的科学理论所说的世界上到底存在哪些东西。

用斯特劳森的话来说，奎因赞同的是"修正的"形而上学，尽管它是以自然科学的结论为依据。

戴维森在战后分析哲学的另一个重大发展中极具影响力，即关于意义理论的建构。弗雷格的著作通常被看成一个起点，但是弗雷格的主要兴趣是数学，即数学语言是如何表达思想和论证的。戴维斯主要关心的是如何为充满了富有成效性和复杂性的自然语言建构一个意义理论。如今这已经成为了一个巨大的研究领域，哲学家和语言学家们都在努力尝试理解语言中的各个元素是如何起作用的，从代词到隐喻。戴维森的一大贡献在于他对涉及行动和事件的语句的分析。在他看来，这些分析显示了我们对事件的本体论承诺，也就是说事件应当被看作存在于世界之上，正如弗雷格的概念和对象一般。

戴维森还辨别并拒斥了他称之为"经验主义的第三教条"的观点，即我们可以在概念图示和经验内容之间做出区分。在他看来，我们根本没法理解另外一个和我们自己的概念图示完全不同的人。如果他的看法是对的，那么这会对我们在第三章中考察过的一个问题产生影响：只有在我们和别人有一些共同的对概念的理解时，我们才可能知道他人的意思，这些深植于我们在世界中共同参与的活动之中。对意义的把握，对他人的理解，以及集体活动的共同参与，这些都是紧密相连的。

普特南对美国哲学的许多领域都有着深远的影响。这里我只提一下他设想的"孪生地球"思想实验，因为这和我们在第三章中讨论的能够将水"分析"为 H_2O 这个问题直接相关。在这个思想实验中，孪生地球和我们的地球一模一样，除了在那个星球上看上去、尝上去都像水的物质的化学成分其实并不是 H_2O，而是类外一个譬如 XYZ 这样的东西。根据普特南以及他希望在此处会援引的"直觉"，地球上的人指称和思考的是 H_2O，而孪生地球上的人指称和思考的则是 XYZ，尽管他们都不知道经验到的水状实体的化学成分到底是什么。因此，意义和思想部分地被外部世界中外在于我们的事物所个体化（individuated），这便是"外在主义"论题。如果外在主义是对的话，那么分析悖论就有了一种可能的回应："外部的"意义有助于保证"水就是 H_2O"的正确性，但是在你发现这一点之时，你依然可以学到一些新的东西。普特南用"意义就是不在头脑中"这个口号来描述这个基本想法。自那以后，关于外在主义的争论一直在人们头脑内外激烈地进行着。

分析哲学是如何冠以其名的？

我们现在可以将分析哲学的源头追溯到二十世纪之交前后四十几年的几位哲学家的著作，他们包括弗雷格、罗素、摩尔和维特根斯坦。（弗雷格的《概念文字》出版于1879年，维特根斯坦的《逻辑哲学论》出版于1921年。）然而，直到二十世纪三十年代初我们仍然看不到"分析哲学"这个术语用来指称哪怕是我们现在当作分析传统的任何一个部分。比如说，这个术语并没有出现在依我看来的第一本分析哲学的教科书中，即斯泰宾的《现代逻辑导论》，此书出版于1930年。然而，我们并不应该对这一点感到意外，因为任何运动或传统都需要一定的时间才能充分确立自己的概念和地位，并使任何关于它的名称流传开来。

不过可能会让你意外的是，"分析哲学"这个术语最先被使用的时候其实是用来批判分析哲学的。牛津哲学家科林伍德（R. G. Collingwood, 1889—1943）在他于1933年出版的《哲学方法论》（*Essay on Philosophical Method*）中首次使用了这个称号，并着力批判了这种哲学。他认为分析哲学仅仅去分析我们已经知道的东西，而且认为这种观点出自摩尔和斯泰宾。对科林伍德来说，"分析哲学"是个贬义词，它代表了一种狭隘的哲学观。正如我们在第三章中讨论分析悖论时看到的，分析如何能长知识确实是个很根本的问题，因此科林伍德的批评还是有一些道理的。然而，如我希望显示的那样，认识到了分析的转换性特征之后我们就能对这个悖论给出一个非常有效的回应（事实上，在科林伍德自己的《哲学方法论》中我们也能找到一个回应）。

摩尔和斯泰宾所属的哲学群体在三十年代的时候确实有

第六章 到底何谓分析哲学？

个名称：剑桥分析学派。这个称号反映了罗素的分析纲领和维特根斯坦有关分析的思想的启发。因而，"分析哲学"作为替换的名称完全是恰当的，只要我们从更积极的角度去理解它的话。在三十年代后期，这个名称被推广到包括深受罗素和维特根斯坦影响的逻辑经验主义者。然而，只有真正到了第二次世界大战之后"分析哲学"这个称号才流行起来。它不仅包括了日常语言哲学，也包括在美国发展起来的理想语言哲学和科学的哲学的新形式。

在二十世纪五十年代，既是由于弗雷格对罗素、维特根斯坦和卡尔纳普的影响，又是由于在构建意义理论时其思想的重要性被重视，弗雷格被"追溯"为分析哲学创始人之列。自此之后分析哲学的标准从各个角度而言都变得越来越宽泛，一些相关的其他哲学传统比如美国实用主义也被列入其内。（好像没有哪个不在其内！）一开始只是扎根于逻辑、数学哲学和伦理学的一些思想和方法，现在被推广到包括语言哲学、科学哲学、心灵哲学以及其他所有的哲学领域。如今的每一个哲学分支似乎都有一个"分析"的版本，不仅仅只是分析形而上学和分析美学（从二十世纪五十年代开始），还有分析的马克思主义，分析的现象学以及分析的女权主义，我甚至还见到过"分析的教条神学"这样的名称！"分析"这个定语变得如此之流行，以至于你可能会好奇至少在西方哲学的范围内有哪些不是分析哲学。和它相对立的又是什么呢？

分析哲学与欧陆哲学

1958年，若干分析哲学家受邀参加在法国华幽梦（Royaumont）举办的一个会议，以促进他们和法国哲学家之间的对话。然而，会议并不是很成功。吉尔伯特·赖尔在会议上宣读了一篇论文，他谈到了在盎格鲁-撒克逊和欧陆哲学之间的巨大鸿沟。"盎格鲁-撒克逊哲学"他指的主要是分析哲学，"欧陆哲学"则主要是现象学。在此之后"欧陆哲学"的含义变得更加宽泛了，包括解释学、存在主义、解构主义，以及所有自康德之后西方哲学中的非分析哲学。这一划分已然成为了当今哲学最根深蒂固也是危害性最大的问题之一。它揭示了传统（如政党一般）是如何部分形成的并在相互对应中维持自己。

伯纳德·威廉斯曾经有个很有名的论断，他说将哲学分成"分析的"和"欧陆的"就好比将汽车划分为前轮驱动的和日系的：一个是从方法论和功能性而言，另一个是从地理位置而言。因而，这个对立牵涉到某种范畴混淆，既不是互斥的，也没有穷尽所有可能。很多公认的分析哲学家，比如弗雷格、维特根斯坦和卡尔纳普都是在德语国家长大的，弗雷格更是终其一生都在德国度过的。"欧陆哲学"同样也会使用分析方法。还有譬如实用主义，以及诸多非西方的哲学

第六章 到底何谓分析哲学？

传统都很难被归入以上两类。然而，正如我们可以解开"分析"这个隐喻一般，我们也可以解开"欧陆"的转喻。"欧陆哲学"是一个涵盖性术语，包括了一系列各有其起源的哲学传统。与分析哲学不同的是，这些传统主要都源自欧洲大陆。比如说，现象学的创始人是埃德蒙德·胡塞尔（1859—1938），解释学发展中的主要人物包括弗雷德里希·施莱尔马赫（1768—1834）和汉斯-格奥尔格·伽达默尔（1900—2002）。存在主义经常会和让-保罗·萨特（1905—1980）以及西蒙娜·德·波伏娃（1908—1986）的著作联系在一起，但是它其实有更深的根源，可追溯到索伦·克尔凯郭

图9 一个哲学家驾驶前轮驱动的日系车

107 尔（1813—1855）、弗雷德里希·尼采（1844—1900）和马丁·海德格尔（1889—1976）。雅克·德里达（1930—2004）则引领了解构主义精神。

构成"欧陆哲学"的这些传统并没有太多的共同之处。从反面而言，他们都（被认为）对分析哲学持反对态度；正面而言，某种意义上他们都是对康德哲学的回应（尽管包括分析哲学也是如此）。由于本书是关于分析哲学的，我将不再直接讨论欧陆哲学，而是看看他们对分析哲学的若干批评，这些批评维持了他们和分析哲学之间所谓的对立。

分析哲学有何问题？

108 欧陆哲学家对分析哲学家，以及分析哲学家对欧陆哲学家们的批评，通常都建立在他们对反对方观点的夸张描述之上。在方框 6 中我列举了一些通常被看作是分析哲学和欧陆哲学之间的主要区别。这些区别都是夸张描述的，尽管就像所有漫画一样，它们也包含一些真理在其中因而使得它们看上去似乎是可信的。有一些区别有关方法和风格，这是我在全书中着力讨论的，在最后一节我会再说几句。这里我要从
109 分析哲学与自然科学和历史学的关系这两个大主题下谈谈分析哲学和欧陆哲学的其他区别。

第六章 到底何谓分析哲学？

方框 6　有关分析哲学和欧陆哲学的一些夸张划分

分析哲学	欧陆哲学
使用分析方法	使用综合方法
清晰、精确、严密	暗示、影射、有趣
逻辑论证	对理性能力持怀疑态度
基于问题	基于文本
关注真	关注意义
科学的/科学主义的	反科学的/反科学主义的
自然主义的	非自然主义的
实在论的	理念论的
普遍主义的	相对主义的
理性主义的	人文主义的
无关历史/反历史的	历史的
无关政治的	政治的

尤其是在过去的三四十年间，分析哲学经常被当作是科学主义的和自然主义而饱受批评。科学主义认为自然科学为包括哲学在内的其他领域提供了解释和理解的模型。自然主义有两个类型。强自然主义和科学主义更接近，它认为一切东西归根到底都可以由科学来解释。弱自然主义认为不

存在任何超越自然世界之上的存在,换言之,它否定了所有"超自然"之物。

诚然,从罗素以及逻辑经验主义者开始,分析哲学内部确实有一股很强的可以被描述为"科学"的传统:他们都很尊重自然科学的方法和结论,因此可以被视为弱自然主义。但是,这和科学主义以及强自然主义还是有所区别的,尽管分析哲学家里也有一些强自然主义者。这些立场都取决于如何看待逻辑和形而上学在这一切中的地位。当今的许多心灵哲学家会借鉴并参与生物学、认知科学、神经学与心理学的最新工作,许多语言哲学家也会和语言学家不断对话。但是哲学家们保持着一种批判的态度去这样做,他们会使用自然科学之外的其他方法,因而要说他们是"科学主义"的这似乎过强了。

还有一条不同的线索,可以追溯到弗雷格、摩尔和早期维特根斯坦,他们都拒斥科学主义和自然主义,尽管后期维特根斯坦是一个弱自然主义者。比如说,弗雷格认为数字是逻辑对象,从而也是一种非自然的对象,摩尔也是关于伦理学的非自然主义者。自然主义与非自然主义之争是当今分析哲学几乎所有领域中的一个重大议题,因此把它们中的任何一个立场当成分析哲学的标签都是错误的。

在我看来,针对科学主义(和强自然主义)存在一个根本性的反驳,可以陈述如下:任何科学都要做一定的预设,

第六章 到底何谓分析哲学？

一直以来哲学的首要任务之一便是对这些预设进行批判性考察，而这要求使用不同于科学本身的方法。分析哲学很适合这样的任务，但是它并不是独一的。尤其是，现象学家关于科学主义也提出过强有力的批判。在他们看来，自然科学的整个纲领以及它所要求的理论态度，都需要从胡塞尔所说的"生活世界"出发才能得以理解，"生活世界"包括了人类的日常实践，以及在理论之先的各种态度和信念。我认为分析哲学并没有完全领会到现象学的启示，因此从这个领域出发对分析哲学的批判是有道理的。

另外一个相关领域对分析哲学的批评也是有道理的，它涉及对历史的看法。分析哲学经常被指责为"无关历史的"，或者更甚，"反历史的"。和自然主义一样，历史主义也有不同的形式，最强的历史主义断言哲学本质上是历史性的，也需要这样被理解和从事，最弱的历史主义只是宣称历史知识有助于哲学探索。几乎没人质疑后者，但是前者的争议很大。许多分析哲学家——尤其是早期那批人——确实驳斥了强历史主义。在他们看来哲学问题是不受时间影响的，尽管知道前人如何解决这些问题也许会有所助益，但是总可以做出新的尝试，例如借用最新的逻辑或科学理论。

让我们承认存在一些普遍的——如果不说不受时间影响的——哲学问题，这些问题涉及诸如计数和推理。我们也承认这些问题的解答可能需要使用一些新的概念工具。然而，历史理解依旧是必要的。因为我们需要解释这些新的概念和解答，而这会涉及明确它们和以往以及现存的那些其他概念和解答之间的关系。哲学论证一旦展开，与过往观点的交锋便不可避免。

一如我们在第五章中看到的，哲学观点同样也有自身的预设。虽然在这些哲学观点首次被提出或争辩时这一点并不明显，但是如果哲学辩论要取得进展的话，这些观点的预设迟早需要被明确。它可能要求一定的历史距离感才能辨别出这些预设，因此这也是一个历史理解是必不可缺的领域。

在剖析隐喻、类比、寓言、讽喻和明喻时，历史理解也许同样是不可少的，它在哲学中也发挥作用，正如我希望已经通过"分析"这个例子阐明的一样。除此之外哲学写作中还有影射和典故，如过去的思想家的观点。德里达（上面提及的欧陆哲学家之一）就提醒我们要注意所谓的哲学的"边缘"：包括脚注、序言、信件、采访、不经意之言，等等。这些体现作者"非正式"思考的材料经常能够帮助我们更好地理解那些更加"正式"的著作和思想。此处历史学家的工作也能有一席之地。

分析哲学家经常批评哲学史家"仅仅"关注过去哲学家的意思和思想，着重如何去解释文本，然而他们说，他们关注的是什么是真，聚焦于如何去解决哲学问题。但是这两种关切似乎并不像分析哲学家所想象的那样不同。如果要尽可能善意的解读某个哲学家的思想并对其做出评价的话，我们需要知道什么是真的。同样的，通过考察过往哲学家们提供的观点和方案，更能培养我们解决哲学问题并找出什么是真，这种考察就需要我们理解他们的意思。分析哲学和哲学史需要彼此。

缺乏历史的自我意识很可说是分析哲学最大的盲点。不为传统所囿很可能是概念创新中最基本的，但是要建立并辩护这些创新需要将其置于先前观点的历史空间之中。欧陆哲学为我们理解这些历史空间提供了丰富的资源，比如说揭开预设、解开隐喻、解构假设、情景化态度，等等。在我看来，这是分析哲学与欧陆哲学的更深入的交流之中最受益之处。

分析哲学有何好处？

按照我在本书中的说法，分析哲学源自以弗雷格、罗素等人为代表的对现代逻辑的发展和使用。哲学问题的解决通常是将成问题的句子翻译到逻辑系统中，从而看清它们"究竟"意味着什么。我把这个过程描述为诠释性分析，以及哲学中一直存在的回溯式分析和分解式分析。自此诠释性分析对分析哲学而言有着根本的重要性，它揭开了有关意义的本质以及语言和逻辑的关系等诸多问题，这些问题在分析哲学的历史发展中一直都占据着中心地位。因此，关于分析哲学的好处，我想说的第一点便是，它促进了我们对语言运作的复杂而多样的方式有更深理解。

现代逻辑的发展已经彻底改变了整个哲学风貌。在弗雷格之前，逻辑学家只能分析我们在日常和科学思考中使用的推理的一小部分。以弗雷格的工作为基础，更多的逻辑和语义学理论都发展起来，加深了我们对于概念和推理实践的整个理解。它同样有助于哲学家将他们的论证以一种尽可能严密的方式呈现出来，这包括论证中的所有提前，以及使得结论可以有效推导出来的所有推理规则。通过重构过去的论证，哲学家们可以证明这些论证的有效性，也可以辨别出这些论证无效的原因，或是某些可能缺失的前提。应用逻辑，以及更宽泛地讲分析哲学，已经加深了我们对哲学、数学和科学史的理解，不管它们是西方的还是非西方的。

然而，让我们再次回到在本书开头提到的那些长处，这些长处成为了后面几个章节的主题。希望我已经向你们展示出思维的清晰性、表达的精确性以及论证的严密性如何成为了分析哲学最核心的几个长处，而且希望我已经证明了自己的信念，即这些确实都是优点。我也试图阐明从概念角度分析哲学是如何富于创造性的，这一长处值得更多的注意。当我们回顾分析哲学历史的时候，我们就会发现它的概念创新在智识上成果如此之丰富。不仅仅有弗雷格和罗素的逻辑主义纲领以及当代意义理论这样的系统性工作，分析哲学也在

第六章 到底何谓分析哲学？

很多细碎的问题上做贡献，比如对某个特定概念的分析，或是对某些特定论证的重构和批判。如今大量的概念和逻辑的工具都被发展出来以帮助分析哲学家的工作，一开始只是用于某个领域的工具现在也被用到其他很多领域。

近些年来，分析哲学家，至少是其中一部分人，有了越来越强的历史自我意识，而且更加乐意和其他不同的哲学传统展开对话，包括从古代中国哲学到法国的解构主义等等，这些趋势应予以欢迎。正如我已经表明的，分析哲学已经渗入到哲学的所有领域中，从逻辑和数学哲学到神学和批判性思维，并且有很多振奋人心的工作正在进行着，借鉴、改善并扩展了其方法论的工具箱。即使其确切性质和形态还有待定夺，分析哲学的未来是明朗的。

参考文献及进一步阅读

关于分析哲学的本质、起源和发展的最为全面、集思广益的论述，参见：

Michael Beaney (ed.), *The Oxford Handbook of the History of Analytic Philosophy* (Oxford; Oxford University Press, 2013).

第三章包含了分析哲学的一个详细年表，第四章是全面的参考书目。

帕尔格雷夫·麦克米伦出版社出版过一个分析哲学史的系列丛书（<http://www.palgrave.com/gp/series/14867>），目前有三十多卷。这套丛书中既有关于罗素和维特根斯坦等核心哲学家的专著，也有关于布尔查诺（Bernard Bolzano）、施陶德（G. F. Stout）、斯泰宾和拉姆齐（F. P. Ramsey）等相对被忽视的哲学家的著作。其他卷专注于分析哲学的其他组成传统，比如波兰分析哲学，以及分析哲学和其他哲学传统之间的关系，比如现象学。

斯坦福哲学百科（https://plato.stanford.edu）是一个很好的在线资源，通常是了解所有哲学话题或哲学家的首选。

在接下来要推荐的进一步阅读材料中我挑选了一些。

第一章　存在多少东西？

这一章介绍的主要文献是：

Gottlob Frege, *Die Grundlagen der Arithmetik* (Breslau: W. Koebner, 1884); tr. as *The Foundations of Arithmetic* by J. L. Austin (Oxford: Blackwell, 2nd edn. 1953).

此章提到的另一本，弗雷格在其中首次提出了他的逻辑理论，同时也标志着分析哲学最重要的起源的书是：

Gottlob Frege, *Begriffsschrift* (Halle: L. Nebert, 1879); tr. by T. W. Bynum in *Conceptual Notation and Related Articles* (Oxford: Clarendon Press, 1972).

这两本书中的一些选段（包括在本章和第二章中讨论的关键段落）以及弗雷格其他作品的选段，包含在：

Gottlob Frege, *The Frege Reader*, ed. M. Beaney (Oxford: Blackwell, 1997).

关于弗雷格的一本很好的导论著作是：

Joan Weiner, *Frege Explained* (Chicago: Open Court, 2004).

更全面的论述是：

Michael Beaney, *Frege*; *Making Sense* (London: Duckworth, 1996).

《牛津分析哲学史手册》中有两章和此处的讨论相关。加布里埃尔（Gottfried Gabriel, 'Frege and the German background to analytic philosophy'）展示了赫巴特（Johann Herbart, 1776—1841）如何预见到弗雷格将有关数字的陈述作为对概念的断言这一关键想法。伯奇（Tyler Burge, 'Gottlob Frege: some forms of influence'）讨论了弗雷格对后续哲学的影响。

伽利略悖论出现在：

Galileo Galilei, *Dialogues Concerning Two New Sciences* (1638), tr. by H. Crew and A. de Salvio (New York: Dover, 1954), pp. 31–33.

康托的对角线论证首次发表于 1891 年：

Georg Cantor, 'Über eine elementare Frage der Mannigfaltigkeitslehre', *Jahresbericht der Deutschen Mathematiker-Vereinigung*, 1, pp. 75–8; tr. in W. Ewald (ed.), *From Kant to Hilbert*; *A Source Book in the Foundations of Mathematics* (Oxford: Oxford University Press, 1996), vol. II, pp. 920–922.

有关康托在发展超穷算术中所涉及的概念创造性的进一步讨论，参见下文，我在本章中也有所借鉴：

Michael Beaney and Robert Clark, 'Seeing-as and mathematical creativity', in B. Harrington, D. Shaw, and M. Beaney (eds), *Seeing-as and Novelty* (London: Routledge, forthcoming).

第二章 我们如何谈论不存在之物？

介绍罗素思想的三个主要文献如下：

Bertrand Russell, *The Principles of Mathematics* (Cambridge: Cambridge University Press, 1903; 2nd edn. 1937, repr. London: Routledge, 1992);

Bertrand Russell, 'On Denoting' (1905), *Mind*, 14: 479–493; repr. in *Logic and Knowledge*, ed. R. C. Marsh (London: George Allen & Unwin, 1956), pp. 39–56;

A. N. Whitehead and Bertrand Russell, *Principia Mathematica*, 3 vols. (Cambridge: Cambridge University Press, 1910–1913; 2nd edn. 1925–1927); abridged as *Principia Mathematica to *56* (Cambridge: Cambridge University Press, 1962).

然而，有关罗素数学哲学最通俗易懂的论述是下书：

Bertrand Russell, *Introduction to Mathematical Philosophy* (London: George Allen & Unwin, 1919).

此书第16章对摹状词理论的解释要比罗素1905年发表的原始文章（《论指称》）要更清楚。

有关罗素哲学的一个整体概述，可以参见他本人写的：

Bertrand Russell, *My Philosophical Development* (London: George Allen and Unwin, 1959; repr. Unwin Paperbacks, 1985).

这一章中提到的弗雷格的另外两本著作分别是第一章中介绍的《算术基础》。

（详细信息参见那一章的参考文献），以及：

Gottlob Frege, *Grundgesetze der Arithmetik* (Jena: H. Pohle, vol. 1 1893, vol. 2 1903) : tr. as *Basic Laws of Arithmetic* by P. Ebert and M. Rossberg (Oxford: Oxford University Press, 2013).

就像怀特海和罗素的《数学原理》一样，这本著作大部分都是高度技术性的，但是也有大量段落包含了弗雷格对他逻辑和哲学思想的解释：一些关键段落我已经在《弗雷格读本》中翻译了（参见第一章的参考文献）。

还有一本关于罗素的简明导论（首次出版于 1996 年）：

A. C. Grayling, *Russell*: *A Very Short Introduction* (Oxford: Oxford University Press, 2002).

以下合集包含了对罗素哲学多个方面的讨论，包括他的逻辑主义纲领和摹状词理论，并且也有一个由编者所撰写的十分有益的导言：

Nicholas Griffin (ed.), *The Cambridge Companion to Bertrand Russell* (Cambridge: Cambridge University Press, 2003).

关于摹状词理论的更深入的讨论参见：

Graham Stevens, *The Theory of Descriptions*: *Russell and*

the Philosophy of Language (Basingstoke: Palgrave Macmillan, 2011).

我在第二章中的论述也借鉴了下面这篇文章中的内容：

Michael Beaney, 'The Analytic Revolution', in A. O'Hear (ed.), *The History of Philosophy* (Cambridge: Cambridge University Press, 2016), pp. 227–249.

2015年1月我在伦敦皇家哲学研究所的哲学史系列讲座上做过一个基于这篇论文的演讲，网址如下：

https://www.youtube.com/playlist?list=PLqKcZS_wviD2G4wi3YbaIuRlkJPjB01L>

第三章　你知道我的意思吗？

对亚历山大·蒲柏的引用摘自《批评论》（1711）第二部分，第297—300行。

我在斯坦福哲学百科全书中关于"分析"的条目（详见第6章的参考文献）中详细介绍了分析的三重含义。

本章中提到了摩尔的三个文本，首先是：

G. E. Moore, *Principia Ethica* (Cambridge: Cambridge University Press, 1903; 2nd edn. 1993, ed. T. Baldwin).

第二和第三篇文章分别是：

'A Defence of Common Sense'

'Proof of an External World'

它们可以在下面的合集中找到：

G. E. Moore, *Selected Writings*, ed. T. Baldwin (London: Routledge, 1993).

关于摩尔的哲学，最佳出发点是：

Thomas Baldwin, 'George Edward Moore' (2004), *The Stanford Encyclopedia of Philosophy*, <https://plato.stanford.edu/entries/moore/>.

关于摩尔和罗素反抗英国唯心主义的更详细的论述可以参考尼古拉斯·格里芬在《牛津分析哲学史手册》中的章节：

Nicholas Griffin, 'Russell and Moore's revolt against British idealism', in the *Oxford Handbook of the History of Analytic Philosophy*.

弗雷格关于涵义和指称区分的经典文献是：

Gottlob Frege, 'Über Sinn und Bedeutung' (1892), *Zeitschrift für Philosophie und philosophische Kritik*, 100: 25–50; tr. by M. Black in *The Frege Reader*, ed. M. Beaney (Oxford: Blackwell, 1997), pp. 151–171.

有关这个区分以及在它在弗雷格哲学中的地位，有一本很有用的著作是：

Mark Textor, *Frege on Sense and Reference* (London: Routledge, 2011).

我在下述著作中也同样讨论了这个区分以及它与分析悖论的关系：

Frege: Making Sense（见第一章中的参考文献），以及：Michael Beaney, 'Sinn, Bedeutung and the Paradox of Analysis', in M. Beaney and E. Reck (eds), *Gottlob Frege: Critical Assessments of Leading Philosophers*, 4 vols. (London: Routledge, 2005), vol. IV, pp. 288–310.

第四章 可说或是可思有界限吗？

这章中的核心文本是：

Ludwig Wittgenstein, *Tractatus Logico-Philosophicus* (1921), tr. C. K. Ogden and F. P. Ramsey (London: Routledge, 1922); also tr. D. F. Pears and B. McGuinness (London: Routledge, 1961; 2nd edn. 1974).

这一章中提到的其他文本包括罗素的《数学原则》（参见第二章中的文献）以及如下：

Ludwig Wittgenstein, *Philosophical Investigations*, tr. G. E. M. Anscombe (Oxford: Blackwell, 1953; 4th edn. 2009, tr. rev. by P. M. S. Hacker and J. Schulte);

Ludwig Wittgenstein, *On Certainty*, ed. G. E. M. Anscombe and G. H. von Wright, tr. D. Paul and G. E. M. Anscombe

(Oxford: Blackwell, 1969);

Rudolf Carnap, 'Überwindung der Metaphysik durch logische Analyse der Sprache' (1932), *Erkenntnis*, 2: 219–41; tr. as 'The Elimination of Metaphysics through Logical Analysis of Language' by A. Pap in A. J. Ayer (ed.), *Logical Positivism* (Glencoe, IL; The Free Press, 1959), pp. 60–81;

Martin Heidegger, 'What is Metaphysics?' (1929), tr. by D. F. Krell in *Basic Writings: Revised and Expanded Writings* (London: Routledge, 1993), pp. 93–110; also tr. by W. McNeill in *Pathmarks* (Cambridge: Cambridge University Press, 1998), pp. 82–96.

在过去的75年里有关维特根斯坦的著述是如此之多以至于很难建议从哪里开始进一步阅读。以本章的主题为中心的关于《逻辑哲学论》的论述,我推荐克莱默在《牛津分析哲学史手册》中的章节:

Michael Kremer, 'The Whole Meaning of a Book of Nonsense: Reading Wittgenstein's *Tractatus*', in the *Oxford Handbook of the History of Analytic Philosophy*.

如果非要让我选一本书来介绍维特根斯坦的哲学,从他最早期直至最后的著作,我推荐这本书:

William Child, *Wittgenstein* (London: Routledge, 2011).

如果非要选一本文集的话,我会推荐下面这本,因为它涵盖的内容非常全面：

Hans-Johann Glock and John Hyman (eds), *A Companion to Wittgenstein* (Oxford: Wiley Blackwell, 2017).

关于逻辑经验主义的一个很好的出发点是：

Richard Creath, 'Logical Empiricism' (2017), *The Stanford Encyclopedia of Philosophy*, <https://plato.stanford.edu/entries/logical-empiricism/>.

第五章 我们如何更清晰地思考？

本章中提到的斯泰宾的著作包括下面这些：

L. Susan Stebbing, *A Modern Introduction to Logic* (London: Methuen, 1930; 2nd edn. 1933);

L. Susan Stebbing, *Logic in Practice* (London: Methuen, 1934);

L. Susan Stebbing, *Philosophy and the Physicists* (London: Methuen, 1937);

L. Susan Stebbing, *Thinking to some Purpose* (London: Penguin, 1939);

L. Susan Stebbing, *A Modern Elementary Logic* (London: Methuen, 1943; 5th edn., rev. C. W. K. Mundle, 1952).

在下面这两篇论文中，斯泰宾最早尝试阐明她自己的摩尔式分析概念的预设，并批评（在她看来的）逻辑实证主义者的分析观念：

L. Susan Stebbing, 'The Method of Analysis in Metaphysics' (1932), *Proceedings of the Aristotelian Society*, 33: 65–94;

L. Susan Stebbing, 'Logical Positivism and Analysis', *Proceedings of the British Academy* (London: British Academy, 1933), pp. 53–87.

斯泰宾在分析哲学史上一直是一个被过度忽视的人物，关于她的工作和影响的文章（至今）很少。但可以通过这个开始了解：

Michael Beaney and Siobhan Chapman, 'Susan Stebbing' (2017), *The Stanford Encyclopedia of Philosophy*, <https://plato.stanford.edu/entries/stebbing/>.

我同样推荐查普曼关于斯泰宾出色的思想传记：

Siobhan Chapman, *Susan Stebbing and the Language of Common Sense* (Basingstoke: Palgrave Macmillan, 2013).

斯泰宾是被称作"分析剑桥学派"的重要成员之一，有关其介绍可以参见：

Thomas Baldwin, 'G. E. Moore and the Cambridge School of Analysis', in the *Oxford Handbook of the History of Analytic Philosophy*.

华生选择任务及其最原始的一些结果最早是在如下文章中讨论的：

Peter Wason, 'Reasoning', in B. M. Foss (ed.), *New Horizons in Psychology* (London: Penguin, 1966), pp. 135–151; Peter Wason, 'Reasoning about a rule' (1968), *Quarterly Journal of Experimental Psychology*, 20.3: 273–281.

柏拉图著名的洞穴寓言可以在他的《理想国》（514a520a）中找到，它有很多版本和译本都可以轻松找到。培根的三重比喻引用自：

Francis Bacon, *The New Organon* (1620), ed. F. H. Anderson (Indianapolis: Bobbs-Merrill, 1960).

第六章 到底何谓分析哲学？

有关哲学史上不同的分析观念的论述，参见：

Michael Beaney, 'Analysis' (2014), *The Stanford Encyclopedia of Philosophy*, <https://plato.stanford.edu/entries/analysis/>.

佩涅洛佩解开她的网的故事出现在荷马《奥德赛》的第19卷（尽管，严格地说，使用的希腊动词不是'analuein'，而是它的同源词'alluein'）

有关卡尔纳普对作为诠释性分析形态之一的"阐释"的想法，参见：

Rudolf Carnap, *Logical Foundations of Probability* (Chicago: University of Chicago Press, 1950), ch. 1.

除了在前几章的参考文献中已经提到过的文本外，本章还（直接或间接的）提到了以下文本：

Gilbert Ryle, 'Systematically Misleading Expressions' (1932), in *Collected Essays 1929–1968* (London: Hutchinson, 1971; repr. Abingdon; Routledge, 2009), pp. 41–65;

Gilbert Ryle, *The Concept of Mind* (London: Penguin, 1949);

Gilbert Ryle, 'Phenomenology versus "The Concept of Mind"' (1958), in *Critical Essays* (London: Hutchinson, 1971; repr. Abingdon: Routledge, 2009), pp. 186–204;

J. L. Austin, 'A Plea for Excuses' (1956), in *Philosophical Papers*, 3rd edn., ed. J. O. Urmson and G. J. Warnock (Oxford: Clarendon Press, 1979), pp. 175–204;

J. L. Austin, *How to Do Things with Words*, ed. J. O. Urmson and M. Sbisà (Oxford: Oxford University Press, 1962);

P. F. Strawson, 'On Referring' (1950), in *Logico-Linguistic Papers* (London: Methuen, 1971), pp. 1–27;

P. F. Strawson, *Analysis and Metaphysics: An Introduction to Philosophy* (Oxford: Oxford University Press, 1992);

W. V. Quine, 'Two Dogmas of Empiricism' (1951), in *From a Logical Point of View* (Cambridge, MA: Harvard University Press, 1953), pp. 20–46;

Donald Davidson, 'The Logical Form of Action Sentences'

(1967), in *Essays on Actions and Events* (Oxford: Oxford University Press, 1980), pp. 105–122;

Donald Davidson, 'On the Very Idea of a Conceptual Scheme' (1974), in *Inquiries into Truth and Interpretation* (Oxford: Oxford University Press, 1984), pp. 183–198;

Hilary Putnam, 'The Meaning of "Meaning"' (1975), in *Mind, Language and Reality* (Cambridge: Cambridge University Press, 1975), pp. 215–271;

R. G. Collingwood, *An Essay on Philosophical Method* (Oxford: Oxford University Press, 1933);

Bernard Williams, 'Contemporary Philosophy—a Second Look', in N. Bunnin and E. Tsui-James (eds), *The Blackwell Companion to Philosophy* (Oxford: Blackwell, 1996), pp. 25–37;

Jacques Derrida, *Marges de la philosophie* (1972), tr. as *Margins of Philosophy* by Alan Bass (Hemel Hempstead: Harvester, 1982).

有关这些哲学家及其思想更多的介绍，我推荐斯坦福哲学百科中相应的词条（目前还没有关于普特南的词条）以及《牛津分析哲学史手册》第二篇和第三篇中的相关章节，最重要的是如下这些: Hans-Johann Glock ('Wittgenstein's later philosophy'), Maria Baghramian and Andrew Jorgensen ('Quine, Kripke, and Putnam'), Peter Simons ('Metaphysics in analytic philosophy'), Peter Hylton (Ideas of a logically perfect language in analytic philosophy'), P. M. S. Hacker ('The linguistic turn in analytic philosophy'), Juliet Floyd ('The varieties of rigorous experience'). 我在《牛津分析哲学史手册》的第一章中探讨了"何谓分析哲学"的问题，并且在第二章"分析哲学史学"中讨论了分析哲学是如何冠以其名的。

有关1958年法国华幽梦会议的详细论述，参见：

Søren Overgaard, 'Royaumont Revisited' (2010), *British Journal for the History of Philosophy*, 18; 899–924.

有关分析哲学家历史的自我意识的发展，参见：

Erich H. Reck (ed.), *The Historical Turn in Analytic Philosophy* (Basingstoke: Palgrave Macmillan, 2013).

有关欧陆哲学简明导论系列中有一本可读性很高的：

Simon Critchley, *Continental Philosophy*: *A Very Short Introduction* (Oxford: Oxford University Press, 2001).

克里奇利的导论在一定程度上激发了我写本书来展示欧陆哲学的"另一面"，尽管我和克里奇利都对"分析"和"大陆"哲学之间"划分"这种说法的合法性和实用性持怀疑态度。（这里惊人的引号数量表明了我对使用这些术语相对有多谨慎。）

试图"弥合鸿沟"的著作包括：

Michael Beaney (ed.), *The Analytic Turn*: *Analysis in Early*

Analytic Philosophy and Phenomenology (London: Routledge, 2007);

Mark Textor (ed.), *Judgement and Truth in Early Analytic Philosophy and Phenomenology* (Basingstoke: Palgrave Macmillan, 2013).

最后但绝非最不重要的是，我强烈推荐以下这本书，它更全面地讨论了本章涉及的争论和问题：

Hans-Johann Glock, *What is Analytic Philosophy?* (Cambridge: Cambridge University Press, 2008).

我同意格洛克书中的大部分内容，尽管我更强调分析在分析哲学中的角色，特别是诠释性分析和它所涉及的概念创造力。我希望我在这本小书中已经说明了这一点的重要性。

索 引

（索引中的页码为原书页码，即本书边码）

A

allegory 寓言 87–88
ambiguity 含混 89
analogy 类比 87
analysis 分析 25, 41–42, 45–47, 50–53, 65–66, 93–99
 and analytic philosophy ~ 与分析哲学 4, 23, 93, 96–97
 as creative 创造性 8, 23, 113, 参见 conceptual creativity 概念创造性
 as distinguishing meaning 区分含义 8, 23
 as explication 阐释 99, 102
 as problem-solving 解决问题 94–97
 conceptual 概念的 23, 65–66, 113
 connective 关联式 100–101
 decompositional 分解性 45–46, 93–99
 interpretive 诠释性 45–47, 77–78, 86, 93, 96–99, 112
 logical 逻辑的 73, 80–81, 97–98, 112–113
 metaphysical 形而上学的 80–81, 97–99
 paradox 悖论, 见 paradox of analysis 分析悖论
 regressive 回溯式 45–46, 93–97
 same-level vs. new-level 同层 vs. 新层分析 80, 97–98, 100
 transformative 转换式 53, 55, 78, 104, 参见 analysis, interpretive 诠释性分析
analytic philosophy 分析哲学
 and continental philosophy 大陆哲学 105–109

索引

characterizing 刻画 92–93
criticism of 批评 108–112
name 名称 104–105
virtues of 长处 112–114
analytic/synthetic distinction 分析／综合区分 72–73, 79–80, 102
arithmetic 算术 8–10, 30, 96, 参见 numbers 数
Austin, J. L. 奥斯汀 100–101
Average person 平均人 35–38, 66

B

Bacon, Francis 弗朗西斯·培根 88–89
Begriffsschrift 概念文字 9, 57–58, 75

C

Cambridge School of Analysis 剑桥分析学派 104–105
Cantor, Georg 格奥尔格·康托 21–22
Carnap, Rudolf 鲁道夫·卡尔纳普 71, 73–75, 99, 102, 106
category 范畴 72
  distinctions 区分 63, 66–67, 70, 74
  mistake 错误 60, 100
circular reference 循环指称, 参见 circular 循环, reference 指称
clarity 清晰 xvi, 1–2, 75–91, 112–113
class 类 12, 31–35, 58

class of classes that are not members of themselves 不是自身成员的类的类, 参见 Russell's Paradox 罗素悖论
classes as logical fictions 作为逻辑虚构的类 31, 34–38
null class 空类 13–14, 32–33 参见 set 集合
Collingwood, R. G. 科林伍德 104
concept 概念 5, 9–11, 23, 26–28, 76–77
concept-object distinction 概念／对象区分 10–11, 24, 57–58, 62–63, 73, 74, 79
extensions of concepts 概念的外延 12–13
first-level vs. second-level 一阶／二阶概念 11–12, 27–29, 35
of being hungry 饿的概念 58–60, 63, 77
of good 善的概念, 参见 good 善
of identity 同一概念 13
of negation 否定概念 13
'unsaturatedness' of concepts 概念的不饱和性 62–63
conceptual creativity 概念创造性 2, 5, 23, 45, 76–78, 113
conceptual scheme 概念图示 103
conditionals 条件句 84–86
continental philosophy 大陆哲学 105–108, 112

157

D

Davidson, Donald 唐纳德·戴维斯 102–103
definitions 定义 48–51
Derrida, Jacques 雅克·德里达 107, 111
definite descriptions 摹状词 25
devil 魔鬼 29
diagonal argument 对角线论证 20–21

E

elucidation 阐明 71
empirical, logical 经验的，逻辑的，参见 logical empiricism 逻辑经验主义
ethics 伦理学 47–50, 94, 105, 109
existence 存在 26–30, 41–42, 45
existential statements, 存在性陈述，参见 statements, existential 陈述，存在性
explication 阐释，参见 analysis as explication 作为阐释的分析
extensions of concepts 概念的外延，参见 concept 概念
externalism 外在主义 103

F

free will, problem of 自由意志问题 100–101
Frege, Gottlob 哥特勒布·弗雷格 4, 8–14, 49, 57–58, 99, 102, 106, 109
and logic ~与逻辑 8–9, 104, 112–113
and Russell's Paradox ~与罗素悖论 33–34
and Wittgenstein ~与维特根斯坦 60–62, 70
on sense an reference ~论涵义与指称 51–53
fruitfulness 富有成效性 2, 23, 78, 90–91, 113

G

Galilei's paradox 伽利略悖论 17–18
geometry 几何 30, 96
analytic 分析的 96
God 神 28–30
Good, concept of 善的概念 48–50

H

Heidegger, Martin 马丁·海德格尔 73–74, 106–107
Hesperus 长庚星 51–53
historicism 历史主义 110–112
Husserl, Edmund 埃德蒙德·胡塞尔 106, 110

I

ideal language philosophy 理想语言

哲学 101–102
idealism, British 英国唯心论 47
identity statements 同一陈述，参见 propositions 命题
inference 推理 67–69, 83–86
infinity 无穷 16–23, 45, 76
intuition 直觉 17, 49–50, 103

K

Kant, Immanuel 伊曼纽尔·康德 107

L

language 语言 4, 43–44, 97, 112
  and thought ~与思想 44, 56–57
  language-games 语言游戏 98
  ordinary vs. ideal 日常的与理想的~ 97–103
logic 逻辑 8–9, 67–69, 79, 83–86, 112–113
  quantificational 量化 9, 26–27, 37, 97
logical atomism 逻辑原子主义 42, 66
logical construction (fictions) 逻辑构造（虚构）35–38, 42
logical empiricism (positivism) 逻辑经验主义（实证主义）71–73, 79–80, 99, 102–103
logical proposition 逻辑命题 68–69, 72–73
logicism 逻辑主义 8, 30–31, 33–34, 99

M

mathematics 数学，参见 arithmetic, geometry 算术，几何
meaning 意义 3, 40–41, 43–55, 103
  what is 'really meant' 真正意指 38, 39, 41–42, 46, 112
metaphor 比喻 87
metaphysics 形而上学 79–81, 102
  descriptive vs. revisionary 描述的与修正的~ 101
  rejection 拒斥~ 71–74
modus ponens 分离规则 67–69, 83–86
Moore, G. E. 摩尔 4, 47–50, 54–55, 61, 99, 104, 109
  and Stebbing 斯泰宾 78–79

N

naturalism 自然主义 49–50
  strong vs. weak 强与弱的~ 109–110
  vs. non-naturalism ~与非自然主义 49–50, 109–110
naturalistic fallacy 自然主义谬误 49
nonsense 无意义 67, 69–74, 77
nothing 无 73–74
number statements 数字陈述，参见 statements, number 陈述，数字
numbers 数字 10–11
  as classes 作为类 13–14, 31–35, 99

irrational 无理数 20
natural 自然数 10, 13–14, 16–17
rational 有理数 18–20
real 实数 20–21
sameness of number 相同数目 17–21, 77
square 平方 17–18
transfinite 超穷 21–22

O

object 对象 10–11, 34–35
 concrete vs. abstract 具体的与抽象的 12
 fictional 虚构对象 25
 logical 逻辑对象 12–13, 109
 simple 简单对象 66, 79
ontological argument for the existence of God 上帝存在的本体论证明 28–30
ontology 本体论 28, 102–103
open question argument 未决问题论证 48–50, 54, 92
ordinary language philosophy 日常语言哲学 98–99
Oxford philosophy 牛津哲学 98, 100–101

P

paradox 悖论
 Galileo's 伽利略, 参见 Galileo's paradox 伽利略悖论
 of analysis 分析悖论 50–53, 103, 104
 of inference 推理悖论 67–69
 Russell 罗素, 参见 Russell's paradox 罗素悖论
phenomenology 现象学 106, 110
Phosphorus 启明星 51–53
Plato 柏拉图 87–88
Pope, Alexander 亚历山大·蒲柏 xvi, 44
precision 精确 1, 76–78, 113
propositions 命题
 as pictures 作为图像的命题 64–66, 72
 pseudo- 伪命题 73
Putnam, Hilary 希拉里·普特南 102–103

Q

quantifier 量词 27
 existential 存在性量词 27, 39–40, 74
 universal 全称量词 27, 37, 40 参见 logic, quantification 逻辑, 量化
questions, philosophical 哲学问题 2–4, 22–23
Quine, W. V. 奎因 101–102

R

reduction ad absurdum 归谬法 15
reference 指称 51–55, 101, 103
　　circular 循环，参见 circular reference to the non-existent 对非存在的循环指称
rigour 严密 1, 78, 89–90, 113
Russell, Bertrand 伯特兰·罗素 4, 30–42, 58, 99, 102
　　and Moore ～与摩尔 47
　　and Wittgenstein ～与维特根斯坦 60–63, 70
Russell's paradox 罗素悖论 31–35, 61–62, 77
Ryle, Gilbert 吉尔伯特·赖尔 100, 105–106

S

saying 言说 61–75
　　saying/showing distinction 言说/显示区分 61–64, 66–67
scientism 科学主义 108–110
semantic theory 语义理论，参见 theory of meaning 意义理论
sense 涵义 51–55, 66–69, 72, 77
　　vs. reference ～与指称 51–55
senselessness 无意义 66–69
set 集合 12
　　infinite set 无穷集合 16–22
　　power set 幂集 15, 31

set of all sets 所有对象的集合 14–16, 31
subset 子集 14–15, 17–18 参见 class 类
similes 比喻 88–90
soundness (of an argument)（论证的）可靠性 28
speech act theory 言语行为理论 101
statements 陈述
　　existential 存在性陈述 25–30, 41, 46, 53, 78, 81
　　identity 同一陈述 51–53
　　number 数 9–11, 26, 46, 78
Stebbing, L. Susan 苏珊·斯泰宾 4, 78–91, 99, 104
Strawson, Peter F. 彼得·斯特劳斯 100–101
systematicity 系统性 2, 78, 90–91, 113

T

tautologies 重言式 69
theory of descriptions 摹状词理论 38–41, 46, 61, 64–66, 78, 101
theory of meaning 意义理论 97, 102–103
theory of types 类型论 34–35, 58, 61–63, 77
thinking 思维 4, 81–83
　　critical 批判的 86–89

logical 逻辑的 83–86
potted 罐头 86
purposive (or directed) 有目的的 81–83
thought 思想 5, 11, 44, 103
    and language 和语言, 参见 language and thought 语言和思想
    limits to 界限 56–60, 62–63, 69–71, 74–75 参见 thinking 思维
truth 真 24–25, 36, 64, 69, 72, 79–80, 108, 111–112
    truth-value 真值 25
Twin Earth 孪生地球 103

V

validity (of an argument)（论证的）有效性 28, 67, 83

verificationism 证实主义 72
Vienna Circle 维也纳学派 61, 71, 78 参见 logical empiricism 逻辑经验主义

W

Watson's selection task 华生选择任务 84–86
Whitehead, A. N. 怀特海 30–31
Williams, Bernard 伯纳德·威廉斯 106
Wittgenstein, Ludwig 路德维希·维特根斯坦 4, 33, 35, 42, 47, 106
    early philosophy 早期哲学 60–75, 79–80, 99–100, 109
    later philosophy 后期哲学 98–99, 109

图书在版编目（CIP）数据

简明分析哲学导论 /（英）毕明安著；陈龙译. —北京：商务印书馆，2024（2024.12 重印）
ISBN 978-7-100-23881-6

Ⅰ.①简… Ⅱ.①毕… ②陈… Ⅲ.①分析哲学 Ⅳ.① B089

中国国家版本馆 CIP 数据核字（2024）第 082667 号

权利保留，侵权必究。

简明分析哲学导论
〔英〕毕明安　著
陈龙　译

商务印书馆出版
（北京王府井大街36号　邮政编码100710）
商务印书馆发行
北京中科印刷有限公司印刷
ISBN 978 - 7 - 100 - 23881 - 6

2024年6月第1版　　　开本 889×1194　1/32
2024年12月北京第2次印刷　印张 5⅛

定价：36.00元